최시형의 철학

표현과 개벽

한국현대철학선

최시형의 철학

표현과 개벽

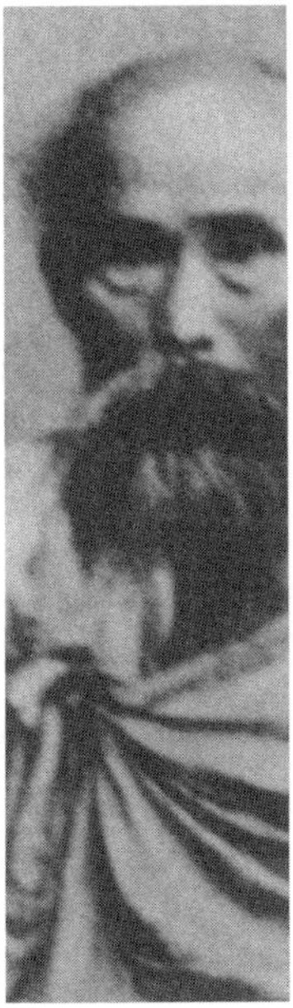

이규성 지음

이화여자대학교출판부

| 시리즈를 펴내며 |

이제까지 한국에서의 철학 연구는 동양과 서양으로 나누어 주로 강대국(중국 · 미국 · 영국 · 독일 · 프랑스)의 사상들 가운데 주류로 알려진 것을 중심으로 이루어져 왔다. 한국에서 동양과 서양을 분명하게 분리하는 태도는 20세기 초 일본의 동양통합론에 의해 더욱 확산되고 습관화되었다. 이 때문에 전 인류의 지혜를 참조하여 자신의 문제를 해결하려는 보편적이면서도 주체적인 연구 태도는 희석되고, 전공별로 나누어진 좁은 테두리 안에 갇히게 되었다.

서양철학의 연구는 본국에서 제기된 문제와 해답을 개괄적으로 소개하거나 모방하여 한국의 현실에 적용하는 수동적 태도를 벗어나지 못하였다. 이러한 실정 때문에 서양철학 문헌들에 대한 사상적 연구는, 번역과 개괄적인 소개 논문의 수는 증가하였으나, 그 창의성에서는 해방 전후의 수준보다 떨어진다고 할 수 있다. 철학 교육의 차원에서도 연구 대상에 대한 주체적이고도 비평적인 설명과 평가를 제대로 하지 못하고, 일시적 유행 사조로서 혹은 임의적으로 선택된 전공이라는 이름으로, 대학 교육의 현장에서 교육되어 왔다.

동양철학으로 분류되어 왔던 동아시아 사상도 철학과마다 한두 명의 연구자를 두고는 있지만 근대 이전의 전통 사상에 대한 연구와 소개에 머물러 있다. 아시아 철학의 연구 또한 전통의 권위에 기대는 수동적 연구 태도를 벗어나지 못하거나, 일본과 중국의 선행 연구 방법에 거의 의존하는 예속적 여건을 크게 벗어나지 못하고 있다. 이러한 태도는 현대의 상황이 던지는 문제에 대응하거나 인간과 세계에 대한 이해를 새로운 방식으로 사유하고 피력하는 데에 관심을 기울이지 못하게 했다. 이 빈 공간은 현대 서양철학이 자신의 전제에 대한 깊은 음미 없이 자신을 선전할 수 있는 무대가 되었다.

한국 사상계의 이러한 타성적 관행은 최근의 관제화되고 수량화된 시장주의적 강제에 의해 인식조차 되지 못했다. 대학이 인재를 양성하는 것이 아니라 건물을 양성하고, 학술보다는 기업 이윤에 한눈팔 때, 한국 청년들의 영혼은 머리 둘 곳이 없다. 또한 창조적 문제 제기와 문제 자체에 대한 분석 및 자발적 해결의 의지에 기초하지 못하는 연구 풍토가 연구자 간의 자유로운 의사소통의 부재로 더욱 촉진되었다. 연구 공간의 시장화와 이에 따른 인간관계의 외면화가 이러한 결과를 초래하였다. 그리고 이러한 상황은 연구자들 자신이 속한 역사적이고도 현실적인 조건에 대한 학술적이고도 사상적인 반성과 대응을 가로막고 있다. 특히 이 시대와 직접적으로 연관이 있는 근 백년간의 한국의 현대사상사적 흐름에 대한 주체적 관심의 결여로 철학은 자신들이 어떤 문제를 역사적으로 부여받고 있는지를 의식하지 못하고 있다. 무자각적 철학은 단지 자신들의 철학을 진공 상태에서도 통용될 수 있는 것처럼 무반성적으로 외우며 가르치는 철학 청부업일 따름인 것이다.

그동안 비주류이자 비체계적인 가치관으로 치부되어 왔던 근 백년간의 한국 사상사를 철학이라는 이름으로 연구하여 발간하는 것은 한국 사상계의 난국을 타개하는 데에 하나의 출발점이 될 수 있을 것이다. 이 출발은 근현대 한국 철학에 대한 자료를 발굴하고 연구하여 문제 해결에 도움이 되는 것은 발전시키고, 타당성이 의문시되는 관념들은 유보하거나 비판함으로써 재사유와 반성의 계기를 마련할 수 있도록 할 것이다. 이러한 의미에서 먼저 일차적으로 간단한 자료집을 해설을 첨부하여 발간하고자 한다. 그리고 차후로 한국 현대철학에 대한 본격적인 연구 논문과 연구서를 발간할 계획이다.

2011년 7월

씨알학회, 근현대 한국사상사 연구모임 일동

| 차례 |

| 머리말 |

동학사상(東學思想)은 조선 후기, 대외적으로는 서구의 제국주의적 상공업의 확장이 아시아에 미치고, 대내적으로는 정치 경제적 혼란과 반란의 기운이 도처에 서려 있을 때, 몰락한 귀족 가문의 한 빈한한 선비에 의해 창도되었다. 수운 최제우(水雲 崔濟愚, 1824~1864)는 과거에 급제하지 못하고 초야의 선비로 지낸 부친 근암 최옥(近庵 崔鋈)이 1840년에 죽자, 삼년상을 치른 이후, 6세에 모친을 잃은 자신과 가운의 가련한 운명을 탄식했다. 그는 어린 시절 전통적 교육을 받았으나, 사회 진출이 어려운 서자 출신으로서 세상의 무정함에 상처를 입고 20세 청년으로 농사일인 가업보다는 방랑의 길로 들어섰다. 그는 10년 동안 여러 잡술(雜術)로 호구지책을 삼아 방랑하면서 조선 후기의 사회 혼란과 외세의 침략 가능성을 실감했다. 그는 말세(末世)에 백성의 생활을 구제하는 구세의식(救世意識)을 점차 확신하게 되었다. 1856년(33세) 그는 양산 천성산(千聖山) 적멸굴(寂滅窟)에 들어가 명상 수련을 하게 된다. 이것은 그가 조선 후기 지식인상의 하나인 방랑자의 세월을 통해 스스로 각성한 진실에 따른 것이다. 그 진실은 도교철학의 전통처럼 먼저 자기 변형의 수련을 요구하는 것이었다.

그 진실에 대한 의욕은 세태에 대한 반성적 음미를 반영하고 있었다. 그가 보기에 세상의 "인심(人心) 풍속(風俗) 살펴보니" "세상 사람은 불고천명(不顧天命)"하기 때문에 혼란한 위기에 빠져 있었다(「夢中老少問答歌」). 이처럼 최제우는 조선 후기의 인륜적 에토스(ethos)를 문제삼고, 그 혼란과 퇴폐의 원인을 천명(天命), 즉 궁극적 운명의 원리를 상실한 데 있다고 보았다. '불고천명'이란 천명을 돌보지 않는다는 뜻이다. '천명'은 조선 이학(理學)의 근본 원리 가운데 하나였는데, 일상생활에서도 흔히 쓰는 용어였다. '천명'은 『주역(周易)』의 '변역(變易)' 관념과 연관되어 의미가 형성되어 왔다. 그것은 과거의 사건에 의해서 미래가 결정된다는 숙명과는 달리 미래의 가능성을 내포한 운동성을 의미했다.

사물의 변화는 불변의 동일성만을 유지하는 것이 아니라 새로움을 창조하는 잠재적 가능성을 내포한다. 쇠퇴해 가는 운동도 상승할 수 있는 잠재성을 현실화하는 힘을 자체 내에 함축하고 있다. 이 힘은 어느 한 순간의 기미[幾]라고 하는 위기의 임계점을 통과해서 새로운 상태로 변역한다. 『주역』이 자강불식(自强不息)의 강건성의 덕을 가지고 '날로 새로워지는[日新又日新]' 역동적 과정을 잘 관찰할 것을 권고하는 것도 그 때문이다. 운명은 숙명이 아니라 창조적 가능성을 갖는 명(命)이다. 그리고 이러한 운명 개념은 종교적 경외심이나 신비적 일치의 체험의 대상이 되기도 했다.

최제우는 1860년 고향인 구미산(龜尾山) 용담정(龍潭亭)으로 돌아와 그 해 4월 5일 입춘에 "무한한 드넓은 도[無極大道]"를 종교적 신비 체험을 통해 '천명(天命)'으로 경험한다. 무극대도는 우주의 존재와 생성을 가능하게 하고, 우주에 내재하는 신성한 실재이다. 그것은 만유에 작용하여 창조적 변역으로 이끄는 생명의 원리이다. 모든 개체들은 이 원리에 의해 유기적 소통의 관계를 형성하며, 광대한 조화의 세계와 평등한 연대 속에서 존재한다. 역사와 인생사 또한 무극대도에 의해 변천되어 가는 것으로서, 과거의 숙명에 속박되는 것만이 아니라 우주와 인간, 인간과 인간의 평등한 연대적 관계를 회복하는 새로운 시대를 향하여 일어날 수 있는 생성 과정 속에 있다. 이제 1860년은 동학의 세계상에서는 5만 년 전의 개벽인 선천(先天) 시대 이후로 퇴락해 간 역사가 새로운 가능성으로 변역생성해 가는 후천개벽(後天開闢) 시대의 기점이 된다. 최제우의 대각(大覺)의 시점은 결정적인 역사적 시점이다. 그것은 우주와 인간이 화해하고, 인간과 인간의 원한이 종식될 수 있는 가능성이 열린 '개벽'의 시간이다.

해월 최시형(海月 崔時亨, 1827~1898)은 최제우의 제자가 되어 무극대도와 만물에 대한 종교적 경외심을 마음속 깊이 경험했다. 최제우는 우주와 인간의 공격적 관계, 인간과 인간의 원한 관계라는 모든 부정적 관계를 조화로 이끄는 화해와 평화의 덕을 한 몸에 집약하고 있었다. 1864년 '사도난정(邪道難正)'의 죄목으로 그가 처형당한 이후, 최시형은 조선이 멸망으로 가는 시기와 동학의 후천개벽이 출발하는 시기에 동학을 조직적으로 포교하는 데에 힘을 쏟았다. 결국 민중 반란의 흐름을 만나 동학의 조직은 혁명 조직으로 전환되고, 최시형은 혁명을 인가하고 지시하는 주모자가 된다. 그의 사상은 만유와의 우주적 연대성에 의거한 화해와 공경의 정신을 파괴하는 기존 봉건 세력과 제국주의에 저항하는 저항의 원리로 전환되었다.

이 책은 바로 이러한 최시형의 사상을 이해하고 그 역사적 의미를 논하고자 하는 것이다. 그리고 그것은 최시형의 사상이 갖는 현대적 의의는 무엇인가라는 물음에 답하고자 하는 관심 아래 구성된 것이다.

1
최시형의 '표현'과 '개벽'의 세계상

* 이 글은 필자의 「최시형에서의 표현과 시간」(『한국학 논총』 39권, 2005)을 대폭 수정하여 보완한 것이다.

1

시대와 사상의 특징

해월 최시형은 동학사상의 창조자인 수운 최제우를 이어 강론과 도망 그리고 혁명의 세월 속에서 동학사상의 의미를 보다 더 풍요롭게 개진할 수 있었다. 그의 시대에는 조선의 정규교육 제도는 붕괴돼 가는 조짐을 보이고, 부의 양극화와 정치권력의 특권화는 이미 고질적 병환이 되었다. 정규교육을 받은 사대부 집단은 체계적이고 세련된 개념 체계를 갖고 있었지만, 이미 그 개념들은 문화 권력의 공허한 상징이 되었고, 시대의 현실을 이해하고 혁신하기에는 그 경직된 한계를 벗어날 수 없었다. '필부필부(匹夫匹婦)'도 정치를 논해야 하며, 통치자는 '민중의 마음[民心]'을 '하늘의 마음[天心]'으로 알아야 한다는 전통 유가적 정치사상은 제대로 작동될 수 있는 제도적 바탕과 활력을 상실하고 있었다. 그럼에도 그러한 사상을 다시 살려 보거나 변화시켜 보려는 일부 소수 지식인들을 제외하고는, 정치 군사적 권세 안에서 움직이는 기존 지식 집단의 부패와 무능을 기존의 체제 세력은 스스로 개혁할 수 없었다. 더욱이 특권층은 사대주의와 지식을 통한 백성 지배라는 봉건 유습에 젖어서, 서양과 일본에서 새로이 등장하는 제국주의적 운동이 가하는 위기를 벗어나려는 노력과 능력을 보여 주지 못했다.

이러한 조선 후기의 대내외적 위기는 토지에서 유리된 민중이나 체제 주변의 빈한한 지식인들에게 예민하게 감지되었다. 결국 그들은 기존 사대부 집단이 해결하지 못하는 문제를 떠맡게 되었다. 이러한 상황은 이미 19세기 말 중국 근대에서도 나타나듯이 민주와 국가의 독립을 문제삼는 새로운 시대정신과 연결된다. 영국과의 아편전쟁 이후 중국의 지식인들에게는 자국의 부강과 정치제도의 개혁에 대한 관심이 싹트게 되었다. 그 후 중국은 태평천국의 난을 15년간 겪는다. 송(宋)대 이학과 군사적 실천 방법을 결합한 증국번(曾國藩, 1811~1872)이 난을 평정함으로써 보수주의의 활력을 보여 주었다. 마지막 보수주의라고 하는 장지동(張之洞, 1837~1909) 같은 사상가는 전통 이학과 서양 근대의 물질문명을 결합하여 중국의 상황을 개선하고자 하였다. 위원(魏源, 1794~1857)과 같은 개혁 지식인들은 기술 문명의 가치와 서양의 공화제적 정치제도에 대한 관심을 중국의 봉건적 현실의 극복과 연관하여 보여 주었다. 또한 일본의 명치유신은 일본의 자본주의적 산업화와 근대적 정치제도를 일본식으로 도입하는 정책을 실현함으로써 동양의 강자로 부상하고 있었다.

한국은 20세기 현대의 문턱에서 자본주의 세계 질서에 편입되는 이전에 없었던 변화를 겪게 된다. 전통 관료제는 그 합리성을 상실하고, 관료제 내부와 그 주변에서 형성되었던 전통적 세계관은 동요

되었다. 이른바 정부의 가렴주구와 도탄에 빠진 민생, 제국들의 정치 경제력의 확산은 새로운 정치제도와 세계 질서를 희망하는 새로운 세계관을 갈망하게 하는 역사적 조건이 되었다. 이러한 역사적 상황은 역사의 잔혹성을 경험하게 함으로써 역사의 압력을 초극하는 새로운 철학과 생활양식을 모색하게 했다. 새로운 세계관은 새로운 가치와 진정한 삶의 방식을 하나의 의학적 처방으로 주장해야 했으며, 우주와 인생에 대한 철학적 기술(記述)을 제시할 수 있는 것이어야 했다. 이러한 철학은 새로움으로의 생성과 질적으로 다른 새로운 미래에 대한 희망의 지평 안에서 움직일 수밖에 없었다. 또한 그것은 역사적 시간이 주는 압력을 초월적으로 용해시켜 줄 수 있는 무한한 영원자를 추구해야 했다. 이러한 사상의 관점에서는 미래의 새로운 세계는 영원의 시야에서 조명되는 우주와 인생의 존재 의미가 실현되는 세상이다. 『주역(周易)』의 용어로 그것은 '형이상(形而上)'의 '원리[道]'에 대한 초월적 지향과 그 원리가 구현되는 구체적인 '형이하(形而下)'의 '세계나 제도[器]'를 창조하려는 내재적 지향을 갖는다.

조선 후기 최제우의 시대는 서구 열강에 의한 이른바 서세동점(西勢東漸)의 위기감이 감돌고, 정신적이고 신체적인 '괴질(怪疾)'에 의한 공포가 확산되어 가는 시기였다. 이러한 상황에서 그는 사회적 경험을 반영하는 새로운 세계관[東學]의 출현의 필요성을 자신의 책임으로 각성하게 된다. 그는 동도서기론(東道西器論: 정신적인 것은 동양이고 기술적인 것은 서양이라는 주장)의 한계를 넘어서 서양인은 군사적 과학의 힘을 갖고 있을 뿐만 아니라 '도(道)'와

'덕(德)'이라는 정신적 세계관을 갖고 있다고 정확히 이해했다. 조선의 새로운 세계관은 서양의 정신적이며 물리적인 힘을 수동적으로 흡수하는 것이 아니라, 자신의 전통적 언어에 새로운 경험과 진실을 담아내는 창조적 계승의 맥락에서 나와야 했고, 또 그럴 수밖에 없었다. 새로운 세계관은 역사의 시간적 흐름을 넘어서는 영원의 '대도(大道)'와 '겹겹이 쌓인 현실의 문제들[百疊塵埃: 쌓이고 쌓인 세상의 먼지]'을 대비시킨다. 세상의 먼지를 개이게 하는 지혜의 비인 진정한 사상은 '만민'이 '각자 가지고 있는 기상[各有氣像]'을 표출해내는 삶을 보여 주는 철학이어야 했다. 이런 의미에서 최제우는 그의 시 「우음(偶吟)」에서 예언적 분위기를 띠면서 다음과 같이 말한다.

> 남쪽의 별들 원융하게 가득 차고, 북쪽의 은하수 돌아올 때,
> 대도(大道)는 하늘처럼 세상의 시간을 벗으리라.
> 거울을 만리(萬里)에 투영하니 눈동자가 먼저 깨닫고,
> 달이 삼경에 솟으니 뜻이 홀연히 열리도다.
> 누가 비를 얻어 사람을 살릴 수 있을까?
> 온 세상이 바람 따라 임의로 오고 가네.
> 겹겹이 쌓인 먼지, 내가 씻어 버리고자,
> 표연히 학을 타고 신선대(仙臺)로 향하리라.
> ·········
> 사람이 세간에 나서 무엇을 얻을 것인가?
> 도를 묻는 것을 오늘날 주고받는 일이겠지.

진리의 핵심 아직 깨닫지 못하지만,

뜻이 지혜의 문에 있음은 반드시 나와 같으리라.

하늘이 만민을 낳음에 도 또한 낳았으니,

각기 기상(氣像)이 있음을 나는 몰랐었네.

南辰圓滿北河回, 大道如天脫劫灰, 鏡投萬里眸先覺, 月上三更意忽開.

何人得雨能人活, 一世從風任去來. 百疊塵埃吾欲滌, 飄然騎鶴仙臺.

………

人生世間有何得, 問道今日授與受. 有理其中姑未覺, 志在賢門必我同.

天生萬民道又生, 各有氣像吾不知.[1]

영겁의 관점을 갖게 하는 대도(大道)를 체현한 마음은 노자의 '현경(玄鏡)'처럼 드넓은 시야로 열린다. 인간의 마음은 세계를 비추는 눈동자이다. 그것은 하나의 태양이나 달과 같다. 최제우는 이러한 영겁에 접하여 드넓은 공간으로 열리는 초월적 경험을 도교 철학의 학을 탄 신선으로 묘사하고 있다. 출세간의 경험은 세간에서의 도를 주고받는 소통의 원천이자 지혜의 문이다. 지혜의 소통에 의해 이전에 알지 못했던 만민 각자의 생명의 활력을 각각의 기상으로서 드러낼 수 있다는 것이다. 모든 개체가 존재에 대한 포부를 갖고 있다.

최제우의 출세간의 경험은 1860년 4월 5일(35세) 용담에서의 '득도(得道)'라고 하는 종교적 체험에 의해 주체적 확신에 이르게

---

1 최제우, 「偶吟」, 『天道教經典』, 천도교중앙총부, 1993, 92-4쪽.

된다. 그의 대부분의 언설은 이러한 불혹(不惑)의 확신 이후에 나온 것이다. 그가 알고 있었던 이전의 전통 사상적 개념들은 그것에 바탕하여 그 의미가 새롭게 심화되고 그 신앙적 성격이 강화된 것으로 보인다. 그의 언어에는 주체적이고 종교적인 확신과 철학적 사변성이 혼재되어 있다. 바로 이 점에서 동학에 대해서는 종교적 측면에서의 연구가 가능하며, 철학적 측면에서의 연구도 가능하다. 그러나 철학적 측면에서의 연구는 주체적 경험과 분리되어 개념적 사변으로 환원될 수는 없을 것이다. 왜냐하면 개념적 사변은 경험 없는 공허한 추론으로만 되어 있는 것이 아니라, 사물의 표면에 한정되는 감각적 경험을 투과하는 예술적이거나 종교적인 직관이 주는 어떤 고유한 의미를 담고 있기 때문이다. 동서양의 형이상학의 역사가 보여 주듯이 사변적 개념과 추론은 최초의 종교적 지혜 체험을 회상적으로 담고 있다. 그리고 후세 신비가들의 개명(開明)의 체험은 영감의 강도가 희박하게 된 사변철학에 그 활력을 재충전시키는 계기가 되어 왔다.

최제우의 종교 체험은 그의 "꿈인지 생시인지[如夢如覺]"라는 표현에서와 같이 의식의 각성 상태가 이완되어 무의식의 차원과 접함으로써 세계를 새로운 관점에서 보게 되는 일종의 한계 경험이다. 이러한 경험은 인간세의 경계선에서 그것을 돌파하는 극한의 초월적 경험이다. 여기서 세간의 역사적 시간은 진부한 것으로서 탈락된다. 그리고 "만고(萬古) 없는 무극대도(無極大道)"라는 표현이 의미하듯이 그러한 경험은 영원 무한자와의 관계를 특이하고 고유한 의미를 갖는 것으로 파악하게 한다. 무극대도는 이전에 없었던 삶의 의미 원천 즉 만고에 없었다고 할 수 있을 만큼 극적으로 새로운 의미를 주는 본원이다. 영원 무한자는 우주 만유의 존재 근거이자 인간을 포함한 각각의 개체에 응축되어 있는 생명성이다. 동학의 사변적 측면을 철학화하고자 했던 야뢰 이돈화(夜雷 李敦化, 1884~?)에 의하면, "인류와 기타 천지 만유는 하나의 연쇄 위에 세워 있는 신(神)의 자기표현(自己表顯)이다."[2] 이돈화가 무극대도의 본질적 속성을 '창조성(創造性)'으로 보았듯이, 다소 격렬한 종교적 체험과 함께 이해되었던 최제우의 창조적 대도(大道)는 안으로는 최제우 자신을 창발적으로 거듭나게 하였으며, 밖으로는 이전의 5만 년의 대운이 다 소진되고 새로운 5만 년의 대운이 개벽하는 시점을 열게 했다. 그것은 각 개체들이 우주적 연대 속에서 개개의 창발적 활력을 표현하는 새로운 삶의 양식을 가리키는 것이다. 대도는 인간으로 하여금 질적으로 새로운 이상향을 희망하는 새로운 미래에 참여하는 시간 의식을 갖게 한다. 그것은 인간의 창조적 활동의 본원이 된다.

그러나 자본주의적 국가들의 국제적 움직임은 최제우에게는 하나의 '무서운' 세상의 도래로 감지되었다. 또한 동학사상 운동의 발전에 따라 조선의 문명화와 제도의 혁신은 조선의 민중이 감당해야 하는 책임으로 인지되었다. 조선 후기의 시대적 문제 상황 속에서 태동하고 전개되는 동학이 근대와의 고통스러운 만남을 통해 개체의 존엄성과 평등, 나라의 자주적 독립성을 문제 삼은 것은 당연한 것

2 李敦化, 『水雲心法講義』, 1925, 81쪽.

이었다. 조선의 역사 이래 그렇게 많은 민중들이 사상의 실현을 통해 현실 속에서 자유의 가치를 실증하고자 했던 적이 없었다. 동학사상의 견지에서 보면 그러한 자주적 자유의 실현은 자연사의 과정에서 나타난 생명체의 역사가 "인간을 통해 완성되어 가는 과정[開闢]"이었다.

이돈화 『천도교창건사(天道敎創建史)』에 의하면, 최시형은 순조(純祖) 27년 경주(慶州) 동촌(東村) 황오리(皇吾里)에서 태어났다. 5세에 모친을 여의고 12세에는 부친을 여의었다. 17세에 종이 공장에 의탁하여 생계를 도모하였다. 19세에 부잣집 딸과 결혼 얘기가 있었으나 남의 덕으로 졸부가 되는 것은 정상이 아니라 하여 거절하고 밀양 손씨(孫氏)와 결혼하였다. 22세에 경주 마복동(馬伏洞)에 살 때 주민들의 추대로 집강(執綱) 일을 맡아 마을의 공익을 위해 힘써 마을사람들이 비를 세워 표창하였다. 그 후 35세에 최제우를 만나 그 인물과 사상에 감동하여, '목욕재계(沐浴齋戒)'하고 '극기(克己)' '명상(冥想)'을 거듭하는 자기 수련을 하였으며, 친구 김이서(金伊瑞)의 물질적 도움(120包의 租)으로 집안을 안정시켜 놓고 집을 나가 강론 설법의 길로 들어섰다. 이것이 그의 방식의 공생애이자 출가(出家)이었다. 이러한 선택은 사적인 삶의 방식을 공적인 방향으로 전환하는 성격의 것이었다. 그의 공적인 삶은 역사적 사회와의 만남에서 오는 정치적 의미를 갖게 되는 운명적인 것이었다.

그는 정규 교육은 받지 못했으나 마을의 공적인 일을 맡았던 것으로 보아 일자무식이 아니었으며, 사서삼경과 불경 및 도교 철학서 등을 본 것으로 판단된다. 그러나 그의 지적 수양은 전통 이학자들처럼 문헌 연구나 주석이 아니라 안으로는 극기 명상의 방법이라는 자기 변형의 노력을 수행하는 것이었으며, 밖으로는 "사물에 편재하는 지극한 기운의 감응[至氣感應]"을 바탕으로 하는 신체적 느낌과 소통의 능력을 구체적으로 표출하는 것이었다. 전자는 전통 도교 철학에서뿐만 아니라 이학과 불교에서도 잘 알려져 있었던 것이며, 후자도 전통사상에서 그렇게 생소한 것은 아니었다. 35세부터의 그의 공적 생애를 보면 공간적으로 멀리 떨어진 사건들을 인지하거나, 격리된 사람과 소통하며, 병든 자를 치유한다. 이러한 투시적 감응과 치유는 동서양의 종교적 구원자에게 흔히 나타날 수 있는 현상이었다. 그러나 정치 경제적 불균등의 심화로 심각한 소외와 격리를 시대의 병리 현상이자 신체적 고통으로 이해한 동학에서는 신체적 느낌의 소통과 병의 치유는 실천의 본질적인 부분이 된다. 이 부분은 최제우로부터 전승되는 동학사상 운동이 갖는 새로운 인륜의 원리이다. 내부에서의 자각과 외부와의 감응은 새로운 인간관계를 맺어가는 공적 원리가 된다.

이 공적 원리는 내적인 자기 변형이라는 수련을 통해 그 주체적 토대가 마련된다. 동학적 주체성은 자신의 마음을 우주의 생성에 조율하는 노력을 통해 고요한 안정성과 포용성을 바탕으로 외부 사물과 소통하는 능력을 함양하는 데에서 이루어진다. 그러한 주체성은 마음이 좁은 시간과 공간에 폐쇄되어 일상의 감각주의에 몰입하는 경향성을 벗어나는 노력을 통해 사물과의 대립을 극복한다. 이런 의미에서 김용휘의 언급대로 최시형의 철학을 '마음의 철학'이라 할 수 있으며, 그러한 마음은 감각주의적 경험에 매몰된 것이 아니라 우주의 생성과 감응하는 주체성이라는 의미에서 '심령(心靈)'이라 할 수 있을 것이다.[3] 심령은 일상에서의 빈부의 대립, 권세의 대립, 민족간의 대립을 극복하는 방향으로 움직인다. 그러한 심령은 서로 대립하는 고체화된 자아를 파괴하는 극기의 노력을 통해 만유의 끝없는 흐름을 통관하는 우주적 자아가 된다. 우주적 연대성을 회복한 심령은 만유의 본성과 자신의 본성의 일치를 경험한다. 이러한 경험에서 역사적 사회가 가한 온갖 외상과 내상이 치유된다. 마음의 단계적 발전과 향상에서 정신의 궁극적 본질이 이해되고 실현된다는 동학의 철학은 최시형이 표현했듯이 '심학(心學)'이며, 전통 이학의 용어로 표현하면 '마음의 기술[心術]'이다.

최시형은 만유의 근원을 생명 원리로 이해하고, 현상적 모든 것을 그것의 표현으로 생각했다. 그는 우주의 생성 원리를 '하나의 기[一氣]'라고 한다. 전통적으로 우주의 원리를 궁구하는 것을 이기(理氣)를 탐구한다고도 하는데, 이런 의미에서 그는 우주의 생명 원리를 '이기(理氣)'라고도 말한다. 다양한 현상은 자발적으로 운동하는 하나의 생명성의 표현이다. 표현된 결과는 근원적 하나 속에 내재하고, 근원적 하나는 다양한 현상에 내재한다. 표현이란 내재적 표현이다. 인생과 역사의 바람직한 방향과 구원은 이러한 생명의 자기표현을 마음으로 느끼고 이해하는 데에 있다. 이런 의미에서 최시형의 철학은 철학적 종교이다.

---

3 김용휘, 「海月의 마음의 철학」, 동학학회 편저, 『海月 崔時亨의 사상과 甲辰개화운동』, 모시는사람들, 2003, 111-32쪽.

그러나 종교적으로 표현은 신성한 한울[天]의 임재로 경험된다. 인간은 그것을 절대의 현존(現存)으로 이해하게 된다. 만유의 모든 곳에서 한울의 나타나 있음이 감지된다. 만유는 신성하다. 모든 것에 대한 신성한 감각을 최시형은 사물에 대한 '공경심[敬物]'으로 표현했다. 이런 의미에서 최시형은 그의 스승처럼 신성한 대도의 현존을 경험하는 현존(顯存)의 명수(名手)로서 역사 속에 나타났다. 또한 그는 스승이 우주적 진실을 깨달은 시점을 역사의 새로운 의미가 시작되는 결정적 중심으로 파악하고, 자신의 시대를 현존의 경험에서 드러난 생명의 진리가 새로이 전개되는 '개벽(開闢)'의 과정으로 간주했다. 태초의 인류의 출현은 '선천 개벽(先天開闢)'이다. 동학이 출현하여 사람들의 생명의 활발성과 평등한 유대가 도래하기 시작하는 시간[時, 때]은 '후천개벽(後天開闢)'의 시작이다. 이러한 결정적 시간에서 삶의 진정한 의미가 현시되고, 민족과 세계의 진정한 역사적 방향이 드러난다. 그의 윤리관과 역사관은 희망의 시간관이며, 이 희망의 인도에 따라 인생의 고통과 무서움이 치유되는 생명의 길이 열리는 것이다. 그리고 이 길은 우주적 생명 원리에 대한 종교적이고도 형이상학적인 이해에 근거한다. 최시형의 사상은 표현과 개벽의 철학이다.

이러한 철학과 접하게 된 사람은 거기에 자신의 인격과 인생의 핵심을 걸게 된다. 그것은 삶의 방식을 결정하는 것으로서, 이렇게 저렇게 번질될 수 있는 것이 아니다. 그것은 객관적으로 유통가능한 상식이나 과학이 아니라, 하나의 주체적 진리로 다가오는 열망의 진실이다. 그것은 믿음을 낳고, 그래서 죽음의 위협도 그 믿음의 진실을 버리게 하지 못한다. 법정의 심문 앞에서 취소될 수 있는 진리가 있고, 조르다노 브루노(Giordano Bruno)의 경우처럼 화형을 당할지라도 취소될 수 없는 진리가 있다. 전자가 논증하고 검증할 수 있는 객관적 소통 가능성을 갖는 것이라면, 후자는 생의 근거에 대한 전인격적 투여와 열망에 의해 주체적으로 지지되고 그래서 눌린 희망을 각성하는 영감에 의해서만 소통되는 진리이다. 과학의 냉정함과는 달리 심정의 감격과 정열에 의해 전달되는 진리는 주체적 고유성을 갖는다. 그것의 철회는 당사자에게 생의 핵심을 파괴하는 심각한 손상을 입힌다. 이 때문에 생의 진리는 모든 생명체에 대한 번민을 담고 역사 속에 나타나지만 시련과 저항을 통해서 빛을 발하는 것이다. 그리고 그러한 진리는 주체적이고 자각적인 경험이 일어나는 조용한 사건을 기점으로 시작된다.

1860년대 초 후기 조선에서도 이러한 사건이 일어나고 반복해서 계승된다. 최시형은 최제우를 만나(35세) 제자가 되고, 스승이 아무도 몰라주는 고독 속에서 경험한 의미 세계를 열망한다.[4] 최제우의 종교적이고도 형이상학적인 경험은 영원한 무한자를 빛의 휘황함과 말씀의 계시와 함께 보는 것이었다. 그의 이른바 '무극대도(無極

4 동학 창시자들의 생애와 사상에 대해서는 다음의 연구서 참조. 李敦化, 『天道教創建史』, 천도교중앙총부, 1933; Benjamin B. Weems, 홍정식 옮김, 『개혁 · 반란 그리고 천도(*Reform, Rebellion and Heavenly Way*)』(1940), 신명문화사, 1966; 柳炳德 편저, 『東學. 天道教』, 시인사, 1976; 趙基周 편저, 『동학의 원류』, 보성사, 1979; 朴應三, 『동학사상개론』, 원곡문화, 1975; 김월해, 『천도교 사상』, 순환기업사, 1983; 윤석산, 『수운 최제우』, 모시는사람들, 2004; 표영삼, 『동학 1』, 통나무, 2004; 동학학회 편저, 『동학과 전통사상』, 모시는사람들, 2004.

大道)'는 인격적으로 표현되기도 하고 철학적 원리로서도 표현되는데, 인생을 포함한 모든 것의 궁극적 의미 근거이었다. 최시형은 바로 이것을 생의 근거로 인수하고 새로운 미래의 삶을 살게 하는 '회복(回復)'의 원천 즉 신성한 생명 원리로 경험한다. 이 생명 원리가 진정한 '진실(眞實)'로서 '하늘과 땅의 생명 본체[天地之生命体]'이다. 생명 본체의 분화 운동에 의해 '만물은 부단히 생성하는[萬物生生]' 과정에 있게 된다. 생명 본체로서의 무극대도는 모든 개체들의 생명성을 구성하는 '근원적 힘[元氣]'이다.[5]

생명 원리는 만유의 통일적 근거라는 측면에서는 초월적이고 만유에서 '표현(表顯)'[6]된다는 측면에서는 내재적이다. 그리고 표현된 다양의 현상 세계는 근원적인 하나의 힘 속에 내재한다. 현상을 발현시키는 무한한 원천이 무극대도이며, 이 무극대도가 하나이자 모든 것이다. 그것은 본질적으로 자신을 표현 전개하는 '약동(躍動)'의 '활발(活潑)성'을 가지며,[7] 모든 개체를 서로 내적으로 연결시키는 감응성을 갖는다. 모든 개체들은 감응적 소통성 속에서 움직인다. 대도의 활발성에 의해 다수성의 세계가 충만하게 펼쳐지고, 감응하면서 편재하는 그 능력에 의해 '천지만물의 융화상통(天地萬物, 融和相通)'[8]이 이루어진다. 초월적이고 내재적인 본체적 원리는

5 崔時亨, 『海月神師法說』, 천도교 중앙총부, 5「虛와 實」, 272쪽; 8「靈符呪文」, 294쪽. 『天道教經傳』, 천도교 중앙총부, 1981(최시형의 법설 인용은 주로 이 책에 의기한다). 그의 법설에 대한 문헌사적 연구는 윤석산, 「崔時亨 法說의 기초문헌 연구」, 모시는사람들, 동학학회 편저, 『海月최시형의 사상과 甲辰개화운동』, 2003.

6 위의 책, 37「其他」, 428쪽.

7 위의 책, 434쪽.

빈틈없이 모든 곳에 내재하는 충만의 원리이자, 개체들을 관류하여 융통시키는 연속성과 소통성의 원리이다. 융화상통은 만유의 존재론적 원리이다. 동시에 그것은 인간세계에서는 인류가 아직 각성하지 못하고 있지만 이제는 자각해야 하는 사회윤리적 원리이다.

이것이 무극의 교사 최제우가 최시형에게 준 세계 열쇠이다. 그것과 동화하는 자기 수련과 근본 경험을 통해 최시형은 '만권시서(萬卷詩書: 문헌)'와 지위와 재산의 밖에서 추방자로서(35년간) 살게 된다. 그는 문화적 권력과 정치 경제적 권력의 밖에 있다. 그가 경험하고 언어로 나타낸 진리는 기존의 문화를 번성시키거나, 특권층에 의해 양극화된 권력 사회를 번영하게 하는 것이 아니다. 그의 주체적 근본 경험은 문화인이 갖는 신분과 소유의식을 언제나 피상적인 것으로 경험한다. 오히려 최시형의 근본적 경험주의는 기존의 통념과 질서가 세계와 자아, 몸과 마음을 분열시켜 내동댕이친 생을 수습하여 그것에 '생혼(生魂)'[9]을 부여하고자 하는 것이다. 이러한 방향성은 기존의 문화가 극복하지 못한 생에 대한 부정적 감각을 생의 긍정적 감각으로 전환시켜, 잃어버린 '세계와 자아를 되찾는[復]' 것이다. 최시형은 '긍정[和]의' '즐거움[樂]' 때문에 기존의 문화 세계 및 제국들과 투쟁했던 것이다. 근본 경험은 만유의 생명성에 대한 화해와 긍정의 경험이었으며, 이러한 경험에 의해 '거듭난 삶[再生]'은 '미래의 새로운 삶[新生]'[10]을 향해 움직인다.

이상의 논의에서 볼 때, 최제우와 최시형의 사상은, 비록 무극이

8 앞의 책, 419쪽.

9 李敦化, 『天道教 創建史』, 천도교 중앙총리원, 1933, 63쪽.

나 대도와 같은 전통 언어를 계승했다 하더라도, 기존 성리학과는 다른 시대적 의미를 갖는다. 동학사상은 과거에는 정치의 대상으로 존재했던 사람들이 사회에 대한 책임의 주체로서 정치 무대에 등장한 것을 상징적으로 보여주었다. 그리고 그것은 전통적 언어로 전통과는 다른 새로운 삶의 양식이 열리기를 희망한다는 것을 표현했다. 그 개벽의 희망은 제도의 개조를 요구하는 것이기도 했다. 이러한 동학사상에 대한 철학적 해석은 1920년대 이돈화에 의해 시도되었다. 그는 동학사상의 진보성을 당시 서양 현대과학과 철학을 통해 해명하고, 자본주의적 제국주의와 사회적 불평등을 극복하는 신문화 운동을 전개했다. 그는 동학을 시대정신에 적합하도록 개조하고자 했다. 따라서 그의 견해에는 동학에 대한 해설의 측면과 새로이 첨가된 이돈화 자신의 철학이 담겨 있다. 그는 동학의 '생혼(生魂)'과 '신생(新生)'의 정신을 문화 운동의 차원에서 살리고자 노력했다.

이돈화 이후 동학에 대한 연구는 주로 역사와 종교의 관점에서 이루어졌다. 그러면 이돈화와 연관하여 기존의 동학 연구의 특징을 알아보기로 하자.

---

10 崔水雲이 '거듭남'을 강조한 이후 '새[新]'는 동학교도들의 공통의 어휘로 되었다. 『開闢』(1920)과 『신인간』(1926) 잡지에는 '신종교', '신생'을 비롯한 '신세계', '신인간', '신여성', '신생활' 등 새로움의 희구가 가득하다.

2

두 가지 방법과 능동적 신비주의

이돈화(李敦化)는 '수운주의(水雲主義)'가 갖는 무극대도의 무한한 포괄적 성격과 약동적 '표현'의 활력을 크게 부각시켰다.[1] 무한자로서의 무극대도는 최시형의 언급대로 '약동불식(躍動不息)'하는 것으로서, 앙리 베르그송(Henri L. Bergson)과도 상통하는 생명원리였다. 그리고 그는 수운주의를 스피노자적인 만유재신론(萬有在神論, panentheism)에서 주장하는 내재성을 바탕으로 하는 사상으로 이해했다. 이러한 이돈화의 해석은 동학에 대한 철학적 해석의 지평을 넓혔다는 의의를 갖는다고 할 수 있다.

이돈화는 루소(Jean J. Rousseau)의 인민 주권론과 크로포트킨(Pyotr A. Kropotkin)의 상부상조론을 동학의 정신과 일치되는 것으로 보았다. 또한 그는 마르크스의 자본주의 비판을 수용하여 계급의식과 인도주의를 결합시키고자 했다. 그러나 그는 문명의 후진

1 李敦化, 『新人哲學』, 천도교 중앙총부, 1930, 9-18쪽.

성도 아울러 극복해야 한다는 관점에서, 실증주의적 사회공학주의까지도 인류의 진보를 반영하는 가치들 안에 포괄했다. 당시의 근대화에 매료된 다른 아시아인들처럼 그 역시 근대 사조들의 근본 전제에 대한 반성적 성찰 없이 그것을 활용했다. 그는 스펜서(Herbert Spencer)류의 사회진화론을 적극 수용하지는 않았다. 그러나 그를 콩트(Auguste Comte)의 실증주의와 함께 긍정적으로 언급하기도 했다. 스펜서는 물질의 항존성을 믿는 근대 기계론적 유물론과 진화론적 세계관을 전제하고, 개인주의적 자유주의라는 자본주의적인 경쟁적 윤리관을 주장했다. 콩트는 기술 과학과 인간중심주의 윤리가 종합적으로 완성되는 세상을 새로운 역사의 조류이자 이상으로 제시했다.

특히 이돈화의 「신인철학(新人哲學)」(1930)은 '수운주의'를 '범신관적' 성격을 가진 것으로 언급하면서도, 내재적 신인 '한울'을 자연과 사회를 상승적으로 진화시키는 진화론적 원리로 해석하고 있다.[2] 이러한 해석은 그가 '시대정신'[3]으로 파악한 과학과 물질문명의 진보를 수용하여, 그것을 수운주의에 결합시키는 것이었다. 이러한 이돈화의 해석은 일제의 지배라는 제약하에서 진보적 문화운동을 통해 동학사상의 급진성을 천도교의 이름 아래 제도권의 경계선에서 실현해야 했던 상황을 반영하는 것으로 볼 수 있다. 이러

2 李敦化, 앞의 책, 10, 97-128쪽. 그의 이러한 절충주의적 관점은 베르그송의 『창조적 진화』(1907)에 나오는 진화론에 대한 형이상학적 해석에 자극받은 것으로 보인다(「신인철학」, 37쪽).

3 위의 책, 192쪽.

한 한계 내에서도 이돈화는 동학의 철학적 종교성과 자신의 역사주의적 진보론을 균형 있게 조화시키려고 했다.

그러나 그 후 역사가들의 연구 태도는 인간의 주체적 삶의 차원보다는 객관적으로 관찰 가능한 역사-사회적 생활양식을 실증적으로 기술하는 방법에 의해 동학을 연구했다. 그러한 역사주의적인 태도는 역사적 생의 의미를 역사의 진보적 발전에서 찾고자 한다. 그러나 역사 발전을 본질적인 것으로 보고 종교적 사상을 외피로 보는 그러한 관점은 삶의 의미를 우주적 원리의 현존(顯存)에 대한 주체적 경험에서 찾는 수운주의와는 언제나 긴장 관계에 있게 된다. 최시형과 그의 스승의 현존 경험과 거기에서 나온 개념들에는 시대의 모순과 제약에 저항할 수 있는 실천적이고 역동적인 창조성과 긴장이 있다. 에블린 언더힐(Evelyn Underhill)과 베르그송이 지적하듯이 신비주의적 경험에는 현실에 개입하여 활동하게 하는 창조적 능동성과 개방성이 있다. 그들은 그러한 경험을 '능동적 신비주의'로 간주했다.[4]

---

4 신비주의 연구가들은 신비 경험이 갖는 경이로운 능동성과 개방성을 발견한다. 대표적으로 에블린 언더힐(Evelyn Underhil)의 『실천적 신비주의(*Practical Mysticism*)』(1914: 최대형 옮김, 은성출판, 2003)에 의하면 '물자체에 대한 직관'은 "우주적 생명의 리듬과 하나가 되고" 그로 인해 "새로운 세상을 여는 모든 행동 중에서 가장 실질적인 행동"을 하게 한다(63, 128쪽). 그녀의 저작을 활용하는 베르그송도 『도덕과 종교의 두 원천』(송영진 옮김, 서광사, 1998)에서 그리스도나 인도의 성자들에게서 나타나는 개방적 정신을 논한다. 그러한 성질은 생명에 대한 직관에서 오는 '영혼의 단순성'에서 비롯된다. 그것은 "진보의 무게에 신음하는 인류"를 살릴 수 있는 가치이기도 하다. 이런 의미에서 그는 '기계와 신비'를 대비시킨다(340-1쪽).

한편 최제우나 최시형의 종교적 근본 경험을 역사적 사회로부터 분리시켜 개인적 내면세계에서의 체험으로만 다루는 주관주의적 태도 역시 동학의 저항적이고도 능동적인 사회성을 간과할 수 있다. 심한 경우 그러한 태도는 근본 경험을 신통력을 부리거나 허약한 개인의 삶을 위로하는 순수 영혼이 가능하다는 안심 입명(立命)의 수단으로 격하시킨다. 또한 과도한 주관주의는 객관주의와 마찬가지로 근본 경험이 함축하고 있는 언어의 철학적인 의미에 대한 개념적 이해와 해명을 간과할 수 있다. 그것은 영혼의 초월적 순결에 몰입하고 구체적 현실의 모순점들을 삶과 무관한 것으로 치부함으로써, 사실상으로는 현실에 기대어 살면서도 자신의 영혼은 순수하다는 자기기만에 빠지게 된다. 이러한 영적 주관주의는 외부 세계를 버리는 영혼의 빈곤을 면치 못하는 것이다. 객관적 실증주의가 감각적 경험이나 과학적 검증 가능성 등에서 실증성을 찾는다면, 영적 주관주의는 영적 체험만을 진리 검증의 기초로 보는 사실상의 종교적 실증주의인 것이다. 종교적 실증주의는 외부 현실을 무시하고 내면을 찾고자 하지만, 외부를 상실한 대가로 내면을 상실하는 역설에 봉착한다.

그러나 능동적 신비주의인 동학의 주체성은 밖으로는 비인간화된 사회의 변혁을 도모하고, 내적으로는 우주적 생명 원리와 소통하는 인간 본연의 심층적인 심성의 세계를 경험하는 것이다. 또한 동학의 내면성은 그 약동의 활력과 감응의 소통력을 외부로 표현하는 사회성을 갖는다. 이러한 약동성이 기존의 사회구조에 저항하여 새로운 사회적 인륜을 희망하고 창조하게 했다. 동학의 근본 경험은 내면의 광대한 공간을 열어제치고 삼라만상의 '존재'를 신성(神性)의 조명 아래 긍정한다. 여기에서 사물의 존재는 신성을 표현하는 것으로서 현전하게 되고 따라서 그것은 공경하는 사랑의 대상으로 환기된다. 자연에 대한 이러한 긍정에 의거한 우주적 심정은, 신성을 표현하면서 펼쳐져 있는 자연 경관 속에, 사물과 인간의 존재가 공동으로 귀속하고 있음을 경험한다. 이러한 경험에 자연 존재에 대한 진정한 긍정의 윤리가 근원하고 있다. 이 근원적 경험이 진정한 사회-윤리적 관계의 산실이다. 동학의 주체성은 부정적 대립과 원한이 용해된 심정의 자유를 토대로 사회와 능동적으로 관계한다.

최시형이 체험한 근본 경험은 실천적 능동성을 가지고, 존재의 부정에 기초한 시대의 어두운 폭력성에 저항하는 빛이었다. 동학혁명은 민간 도교적인 미신, 봉건적 군왕주의 유습 등의 단점이 있지만, 그 원리적 측면에서 보면, 인간의 내면성을 우주와 연관하여 정립하고, 그 내면성의 활력을 사회-정치적으로 표출함으로써 새로운 개벽을 도래시키려는 실천성을 갖는다. 송(宋)대 호상학파(胡湘學派)인 호적계(胡籍溪)의 이학적(理學的) 언어로 말한다면 동학의 철학적 구조는 "마음 본체를 밝혀 현실의 적용에 이르는 학[明體達用之學]"이라고 할 수 있다. 그것은 내면과 외면의 통일적 완성을 지향하는 '내외합일의 길[內外合一之道]'이다. 동학이 갖는 이러한 이중적 성격 때문에 그에 대한 적절한 접근 방법은 사회적 객관성과 주체적 내면성 양자를 함께 논하는 것이어야 한다. 물론 서로 다른 본성인 주체성과 객관성이 어떻게 일원적으로 통일될 수 있는가에 대한 철학적 논의는 여전히 문제로 남아 있다. 그러나 동학과 같은 사상들이 그러한 두 측면을 함께 갖고 있다면, 그 두 측면 모두를 논의할 수밖에 없다.

그리고 주관성과 객관성을 첨예하게 대립시키는 것은 유럽 근대의 과학적 세계관에 기원하는 것으로, 유럽인이 창조해 낸 세계 해석의 한 도식이다. 동학은 동아시아적 사고방식을 전승받아 그것을 조선 후기의 상황에서 다시 살려낸 것이다. 현대인이 객관적 사물이라고 하는 것은 동학적 해석의 관점에서는 기(氣)라고 부르는 생명 원리의 자발적 표현이다. 동시에 '기'는 인간의 몸과 마음을 구성하고 있는 것이기도 하다. 따라서 객관적인 것과 주관적인 것은 그 본원에서는 동일한 것이다. 동학은 그 두 가지를 하나의 생명 원리인 기(氣)로 해명하고 있다. 물질적인 것과 정신적인 것은 판명하게 분리되어 서로 대립하는 것이 아니라, 정신은 물질을 통해 자신의 발생적 본원을 상기해야 하는 것이다. 최시형의 언어를 사용한다면, 약동불식(躍動不息)하는 연속성과 창조성이 하나의 심적 속성이라면, 물질도 분할 가능한 고체성을 갖지만, 본질에서는 그러한 심적 속성을 내부에 지니고 있다. 물질도 의식의 흐름처럼 연속적 흐름의 성질을 그 내면에 간직하고 있다. 물질도 미약하나마 내면성을 갖는다는 이러한 견지에서 동학은 외부 사물을 공경하는 존재론적이면서도 윤리적인 세계상을 창조해 내었던 것이다.

또한 원리적 측면에서만 보면 이 동학적 내외합일의 길은 오늘의 현대에도 창조적으로 적용될 수 있다. 그것은 인간을 인질로 삼고 그 위에서 명령 체계로서 작동하는 '경제 본위주의'(이돈화) 시대를 극복하기 위한 새로운 개념들의 창조적 원천이 될 수 있을 것이다.

동학이 동아시아 전통사상을 창조적으로 계승했듯이, 이러한 문맥에서 최제우, 최시형의 종교적 근본 경험이 갖는 생명 원리의 표현성과 개벽의 시간성의 문제를 다루는 것은 오늘의 우리에게도 시대적 의미가 있을 것이다. 그리고 이 문제에 대한 논의는 현존과 무한성, 무(無), 개방성과 연속성, 영원과 개벽, 역사와 시간 등의 개념들에 대한 이해와 해명을 필요로 한다. 이러한 작업을 통해 동학적 신앙이 갖는 철학적 의미와 그 실천적 의미가 현대적 맥락에서 드러날 수 있을 것이다.

3
경험과 표현(表顯)

최시형의 종교적 근본 경험은 우주를 하나의 연속성을 갖는 살아 있는 개체로 보는 것이다. 그것은 스승과 동일한 의미를 갖는 경험이자, 만유와의 우주적 연대성을 감응이라는 공감의 방식으로 느끼는 것이었다. 이 우주적 공감은 그의 종교적 신념과 철학적 개념들에 생기를 부여하였고, 새로운 사회적 관계에 의거하는 제도의 인성론적 기초가 되었다. 그의 종교와 철학 및 제도관의 핵심적 바탕은 우주적 연대성에 대한 공감의 경험에 있다. 이돈화가 "인류와 기타 천지 만유는 하나의 연쇄 위에 세워져 있는 신(神)의 자기표현(自己表顯)이다"라고 한 것은 최시형의 경험이 갖는 위와 같은 성격을 압축적으로 보여 주는 것이다.[1]

손병희(孫秉熙, 1861~1922)에 의하면 '세계' 내에서의 '인간의 위치'를 보전하며 인간성을 '표출[顯明]'하는, 세 영역이 있다. 그것

1 李敦化, 『水雲心法講義』, 천도교중앙총부, 1925, 81쪽.

은 '신앙과 철학과 제도(信仰과 哲學과 制度)'이다. 이 가운데 철학은 인간의 궁극적 '본성계[性界]의 영원성[久]'과 '신변계[身界]의 유한성[暫]'을 나누어 추구하는 영역이다. 그것은 몸과 마음에 대한 인성론적 연구이며, 우주적 생명성과 소통하는 인간의 가장 본질적인 능력인 성(性)은 인간성의 영원한 부분이다. 제도는 본성의 영성을 갖춘 '성령인(性靈人)'과 '육신인(肉身人)'을 합일시켜 '하나의 광대한 이상세계[一大素天國]'를 구성하는 것이다. 이상적인 사회제도는 심령적 본성[性靈]을 갖춘 신체적 인간들이 참여하여 상호 감응하는 화해의 관계를 맺는 조직체이다. 그것은 제도라기보다는 차라리 하나의 유기적 개체일 것이다. 그러나 철학과 제도의 원천은 신앙에 있으며, "신앙은 사람이 한울[天]에 다가붙어서[粘着] 자기의 있음을 잃어버리는[自有를 忘] 것이다."[2]

신앙이 철학의 근원이 된다는 것은 철학의 작업은 개념의 창조와 그 의미 원천을 종교성을 갖는 어떤 근본 경험에 둔다는 것을 의미한다. 형이상학적 사변은 윌리엄 제임스(William James)의 비교종교학적 연구가 보여 주듯이, 동서를 막론하고 궁극적인 것에 대한 직접적 경험이 주는 '열매'에 근원하고 있다. 열매는 '성스러움'과 '평화' 그리고 '자기 테두리의 해체'의 심정이며, 이것은 종교적 경험의 심적 결과로서 주어지는 것이다. 대승불교와 교부철학과 같은 사변적 체계들은 그러한 심정의 열매에 뿌리를 내리고 있다. 그러한 철학은 거듭나는 재생의 직관적 경험에 근원하기에 '두 번 태어

2 孫秉熙, (2)「吾教의 顯明時代」『天道教經傳』, 천도교중앙총부, 1981, 565-656쪽.

나는 철학(twice-born philosophy)'이 된다.[3] 손병희도 암시하듯이 신앙과 철학에 대한 인간론적 접근은 인간 경험의 다층적 차원을 인정할 수 있다. 인간론적 해명은 세속적인 것으로부터 초월적 경험에 이르기까지 인간성을 표출하는 제반 경험들을 포용할 수 있는 이점을 갖는다. 또한 그것은 여러 이론적 사변의 의미를 재생의 경험에 의거하여 이해하고자 하기 때문에, 이성적 사변으로부터 모든 것을 연역하려 하지 않는다. 사변으로부터 경험을 연역하는 것은 철학의 월권 행위로 알려져 왔다. 그러나 인간의 삶에 대한 폭넓은 경험주의적 이해는 그러한 월권을 범하지 않는 이점을 가질 수도 있을 것이다.

사변 이성적 개념들의 의미 연원은 종교적 직관에 있다. 그 개념들의 의미는 종교적 경험이 주는 어떤 의미들을 전달한다. 이성적 체계는 심원한 느낌이 드는 심정의 통찰을 반영한다. 카발라 철학과 같은 신비주의적 정서를 존중한 셸링(F. W. J. Schelling)은 우주에 대한 어떤 심연의 느낌에서 세계의 발생적 연원을 사유하는 철학을 시도했다. 그에 의하면 "성스러운 느낌과 심정과 윤리적 의식에 모순되는 체계는 …… 결코 이성의 체계라 불릴 수 없으며," "오로지 인격성 안에만 생명이 있다. 그리고 모든 인격성은 인식 근거이기도 한 어두운 근거에 기반한다."[4] 이 어두운 근거가 대부분의 종

3 W. James, 김성민 외 옮김, 『종교체험의 여러 모습들(*The Varieties of Religious Experiences*)』, 기독교서회, 1977, 106, 319-21, 398쪽.

4 F. W. J. Schelling, 한자경 옮김, 『인간 자유의 본질(*Das Wesen der Menschlichen Freiheit*)』(1809), 서광사, 1998, 122-3쪽.

교적 신비가들의 근본 경험이 직면했던 우주의 무한한 심연이며, 논리적 근거를 갖지 않는 무근거의 근거이다. 이 문맥에서 볼 때 생의 궁극적 근거를 추구하는 신앙적 철학은 세계의 존재를 논리적으로 증명하는 것이 아니라—존재는 증명될 수 있는 것도 아니다[5]—우주의 무한한 근원에 대한 신비적 감각을 추상적으로 전달하는 것이다. 종교적 철학은 신비가의 원초적 경험과 그 언어가 함축하고 있는 풍부한 의미를 정제해서 펼치는 해석의 지평에 있게 된다.

신비가의 경험에서 현시되는 영원하고 무한한 궁극의 실재는 그의 삶의 양식을 결정적으로 전환하며 세상과 반대되는 위기의 삶을 살게 한다. 이 위험한 여행은 현존 질서를 예속 상태로 보고 새로운 미래의 삶을 운명처럼 받아들이는 모험이 된다. 그리고 그의 제자들은 세계에 대한 기존의 태도를 즉각적으로 뒤집어 환기시킨 스승의 근본 경험을 추억하고 열망한다. 그들에게 근본적 사유는 언제나 교사의 경험이 갖는 영원한 의미를 회상하는 재음미의 사유이다. 회상적 사유는 과거의 결정적 순간을 반복함으로써 그것을 미래의 새 것으로 만드는 창조적 활동이다.

그러므로 근본 경험의 신앙적 진리와 전승을 이해하기 위해서는

5 존재의 증명은 또 다른 존재를 전제하기 때문에 무한소급의 불합리에 빠지게 된다. 신과 세계의 존재는 종교적 철학이 공허한 것이 아니기 위한 제일의적 전제이다. 종교의 영웅들은 대긍정의 직관적 경험에서 사랑과 경이의 감정을 가지고 존재를 긍정적으로 수용하였다. 프란시스코 수도회의 철학자인 둔스 스코투스(Duns Scotus, 1265-1308)는 신과 만유의 존재 일의성(univocitas entis)을 주장했다. 이러한 철학은 아시시의 성인 프란시스의 존재에 대한 경외와 사랑의 경험을 이론화한 것이다(김현태, 『둔스 스코투스의 철학사상』, 가톨릭대출판부, 1994, 108-22, 132-64쪽).

그것의 경험자에게 일어난 인격적 사건을 먼저 이해해야 할 것이다. 우주의 존재에 대한 그들의 이해 방식을 알기 위해서도 그들의 고유한 인격적 경험을 존중하고 그것에 먼저 주목해야 한다. 정이천(程伊川, 1033~1107)의 주장대로 "성인을 관찰하면 우주를 이해한다[觀乎聖人, 則見天地]."[6] 성인적 경지를 체험하는 인격에 대한 이해를 통해 우주에 대한 그의 관점과 해석에 접근한다.

최시형이 계승하고 경험했던 '우리 도의 진리[吾道眞理]'는 최수운에게 일어난 결정적 사건과 결정적 시점(1860년 4월 5일 오전 11시)[7]의 연장선에 있다. 이돈화의 보고에 의하면 여러 차례의 경험이 같은 해 9월 20일까지 지속된다. 그중 4월 5일의 경험은 무한 공간과 그 안에 충만한 빛의 약동에 대한 것이고, 그 후의 경험들 가운데 또 하나의 결정적 경험은 상제(上帝)가 금력과 권력으로 유혹한 후 최제우가 이 유혹을 이기고 무한 시간과 무한 공간을 경험한 사건이다.

> (1) 첫 번째 경험: "눈앞에 아무것도 보이는 것이 없고 다만 무한한 허공에 찬란하고 휘황한 빛이 가득차서 뛰고 동하고 번쩍거리되 우주의 한 끝과 한 끝이 서로 맞닿은 듯하며 한울과 땅의 뿌리가 서로 얽히어 온 천지만물이 그 밑층으로부터 났다 꺼지고 꺼졌다 다시 나는 듯한지라. 대종사(大神師) 이것이 영부(靈符)임을 알고……."[8]

6 程伊川, 「外書」 권 11, 『二程集』 一, 414쪽.

7 李敦化, 『天道教創建史』, 천도교중앙총리원, 1933, 43쪽. 천도교에서는 이 시점을 기년으로 삼고 역사가 새로이 생성하게 되는 기점으로 본다.

여기서 무한 공간에 가득 찬 광채가 영부(靈符)라고 하는 상징적 기호로 경험된다. 우주에 편만한 광채는 "한울과 땅의 속을 뚫고 일만 물건의 가운데 통하여" 있다.[9] 광채는 하늘과 지상을 관통하고 있는 어떤 영적 작용으로 경험된다. 이런 의미에서 우주의 두 끝이 맞닿았다는 것은 근원적인 약동하는 실재와 만유는 서로 내재적이고 일원적인 관계에 있다는 것을 암시한 것이다. 만유는 근원의 빛 속에 있고 근원적 실재는 만유를 관통하고 있다. '한울의 말[天語]'로써 계시하고 상징적 부적을 주기도 하는 인격적 한울은 약동하면서 내재하는 자연종교적 성격을 함께 갖고 있다.[10] 또한 근원의 실재와는 달리 만물은 그 안에서 생멸할 수 있지만 만물의 생성 소멸의 과정은 그 율동을 영원히 지속할 수 있다.[11] 근원 실재를 상징하는 영부의 도상(圖像)은 태극의 형상(∽)과 궁(弓) 자를 연결해 놓은 것 혹은 궁(弓)과 을(乙)을 연결한 것 같다고 하는데, 이것들은 실재의 약동적 리듬을 그린 것이다.[12] 생명 원리인 영부는 "천지만물의

---

8 李敦化, 앞의 책, 44-5쪽.

9 위의 책, 45쪽.

10 여기에서 동학은 계시 신앙의 성격과 철학적 종교의 성격을 함께 갖게 된다.

11 영겁회귀설처럼 만물 전체가 융성과 쇠퇴를 주기적으로 시작과 끝도 없이[無始無終] 반복한다는 관념은 邵康節과 朱熹의 근본 관념 중의 하나였다(야마다 케이지, 김석근 옮김, 『朱子의 自然學』, 통나무, 1991, 184-93쪽). 동학도 그것을 계승하여 생성의 새로움을 강조하는 시간관으로 변형시킨다.

12 李敦化, 위의 책, 44-5쪽. 원래 궁궁(弓弓)은 『정감록』에서 조선이 맞이하게 될 최후 결전의 재앙을 피할 수 있는 풍수지리적 지역의 모습을 그린 것인데, 약(弱)한 자가 강한 자를 이길 수 있다는 의미도 갖고 있다(구양근, 「동학가사 문학을 통해 본 최제우의 역사적 한국사상 계승문제」, 『동학연구』 3, 214-9쪽). 아마도 최수운은 신성한 생명의 약동 원리가 최후의 피난처라고 생각한 것이 아닌가 한다.

생명"이며, "사람의 죽은 혼을 산 혼으로 돌이키고", "사회의 모든 죄악과 병폐를 다스리는 불사의 약"이다.[13] 우주의 근원적 생명 원리는 영원히 자발성을 가지고 운동하여 만유를 살려내는 힘이다. 이것과의 소통을 통해 개인들과 사회는 그 재생의 조건을 갖게 된다.

동학의 근본 경험은 그 종교적 정서 속에 장자와 같은 생성의 철학을 담고 있다. 종교적이고 형이상학적인 생명 원리는 무한자로서 영원히 지속한다. 그것은 "혼융한 근원적인 하나의 생명력[混元之一氣]"이다. 이 실재가 사회심리적 병리와 인격적인 번민과 고통의 체험에 대한 총체적 구원의 원리이다. 그것이 최수운의 심정에 현존(顯存) 혹은 임재[降臨]한 것이다.[14] 동시에 자아에 현현한 근원 실재는 개별적 사물의 존재 근거로서 '사물에 현존[物에 在]'한다. 만유에 대한 현존의 경험을 통해 자아의 존재와 사물의 존재가 신성한 빛의 조명 아래 전면적으로 긍정된다. 영원자가 현존하는 '순간'에서의 종교적 경험이 세계와 자아에 대한 존재론적이고도 윤리적인 이해를 가능하게 한다. 이러한 이해에서 자연과 자아의 존재 의미가 이전에 의식하지 못했던 긍정적 가치로서 직관된다.

---

13 앞의 책, 45-6쪽.

14 보이지 않는 실재의 현존하는 임재(parousia)의 경험은 기독교적 철학의 시원적 기초였다. 현존의 경험은 '눈으로 보고' '손으로 만져 보는' 감각적 지각 속에서도 가능한 역설적 사건이고, "이 사건 안에 인간은 현재에서 참석(Anwesenheit)한다"(요한 1서 1-1. Thorleif Boman, 허혁 옮김, 『히브리적 사유와 그리스적 사유의 비교』, 분도출판, 1975, 173쪽). 불교 철학도 대각의 순간 절대의 마음이 감각직 사물에 그리고 내 앞에 현전(現前)한다. 이 현전의 사건 없이는 불교 철학적 사변은 공허하다.

이러한 '대각(大覺)'의 사건이 주는 심원한 의미가 최시형에게 전승된다. 그것은 그를 현존과 긍정 기술의 거장으로 만든다. 대각은 존재 의미에 대한 통찰을 통해 삶의 방식을 근본적으로 전환하는 일종의 철학적 생의 기술(技術)이다. 이 기술은 고립된 개체들의 경직된 투쟁적 관계를 실재적 인생이라고 보던 과거의 관점을 하나의 환영과도 같은 가상으로 보게 하는 전환의 경험을 만든다. 『장자(莊子)』「대종사(大宗師)」에 의하면, 권력의 영광을 기뻐하거나 그 상실을 슬퍼하며, 고정된 자아의 죽음을 자연의 변화와 연속하여 생각하지 못하고 슬퍼하는 관점은 '대몽(大夢)'이다. '대각(大覺)'은 이러한 갑각류와 같은 고체적 관점을 환영과 같은 가상으로 경험하고, 사물과 인간을 생성의 유동적 흐름의 잠정적 표현으로 관하는 관점이다. 최제우의 경험은 만유의 유동성과 상호 소통성에 대한 장자적 생성의 철학을 담고 있다.

> (2) 두 번째 경험: "무궁(無窮)을 외고 무궁을 노래하니 천지 일월성신 초목금수 인물이 한가지로 그 노래에 화답하여 억천 만리 공간(空間)이 눈앞에 있고 억천 만리의 시간(時間)이 눈앞에 있어, 먼 데도 없고 가까운 데도 없으며, 지나간 시간도 없고 오는 시간도 없어 백천억 무량수의 시간과 공간이 한 조각 마음속에서 배회함을 보았었다."[15]

이 경험은 "내 마음이자 곧 너의 마음이니라"는 천인합일(天人合

15 李敦化, 앞의 책, 48쪽.

一)적 계시가 끝나는 '순간(瞬間) 갑자기' 일어난다.[16] 여기서는 무한 공간뿐만 아니라 무한 시간이 경험되고, 현상의 다수성이 전체적으로 모아진다. 무한성은 부분적 조각들의 종합으로 도달될 수 있는 것이 아니라 단번의 순간에 주어지고 유한한 것들은 그것의 제한적 규정이 될 것이다. 무한자는 본래 '막히는 한계가 없는[無窮]' 것이다. 무궁의 시간 즉 수운주의의 영원성은 플라톤주의에서 볼 수 있는 시간을 넘어선 무시간의 영원성은 아닌 것으로 보인다. 그것은 전통적으로 내려온 무시무종(無始無終)이라는 시간 자체의 끝없는 무한성이다.[17]

성리학적 어휘를 활용하면 개별적 사물에 대한 집착에서 이탈하는 '태허(太虛)'에 대한 '열림[開闊, 開放]'의 사건에서 드넓은 '공활 세계(空豁世界, 陳潛室. 宋 12세기)'[18]가 경험된다. 이때 드넓은 태허는 공간적으로 무한하고 시간적으로도 무한하다. 그것은 비어 있는 것으로 경험되지만, 스스로 만물을 창조적으로 형성하는 자발적 창조의 힘을 현시한다. 공허한 본체와 창조적 현상화 작용은 하나로 통일되어 있다. 이러한 본체와 발용의 통일성에 대한 경험을 통해 우주적으로 넓어진 인격의 개방성은 공활성 속에서 진정으로 '사물을 자기와 동화하는 체물(體物)'을 실현한다. '체물'은 과거에는 대립적으로 보였던 외부 사물이 이제는 나의 인격의 일부로 들어

16 위의 책.

17 수운주의의 영원 개념에는 초월적 의미와 내재적 의미 간의 긴장이 있어 보인다. 여기서는 내재적 의미를 살려 시작과 끝을 한정할 수 없는 무한정의 시간을 영원성으로 간주한다.

18 『宋元學案』 권65, 木鐘學案, 中華書局, 1989, 2091쪽.

와 나와 동일한 근원을 함께하는 것으로 경험되는 것이다.

성리학에서도 발견될 수 있는 이러한 '회통(會通)'과 내재적 현존의 경험이 최제우의 경험에서는 감정의 급박한 움직임과 함께 나타난다. 다수성의 세계는 하나의 본체계 안에서 조화로운 전체로서 연결된다. 만유는 하나이자 전체이다. 이런 의미에서 그는 '궁극의 생명력[至氣]'을 '만물의 어머니며 생명'으로 이해하고 "전체를 사랑할 수밖에 없다"고 하였다.[19] 만유의 연속성에 대한 이해와 본체 생명 속에 만유가 내재한다는 것에 대한 자각 역시 첫 번째 경험인 빛의 현존을 통한 존재의 긍정과 사실상 같은 것이다. 빛의 보편적이고 내재적인 현존이 만유의 평등한 연속성을 고지한다.

그런데 영원 무한자인 무극대도와 세계와의 관계를 최제우는 사변적으로도 추론해 보았다. 그의 「불연기연(不然其然)」에 의하면 "각기 이루어짐이 있고 각기 형태를 가진[各有成各有形]" 만물은 이미 알고 있는 현상이다. 현상은 '합리적 이치[理]'에 따라 형성되어 있는 것으로 보인다. 그것들은 이성적으로 이미 친숙해서 '그것은 그렇다[其然]'고 긍정할 수 있다. 그러나 "사물들이 사물이 되고 이치들이 이치가 되는 광대한 활동[物爲物理爲理之大業]"의 이유나 근거는 알 수가 없다. 이 지점에서 최제우는 "사물과 법칙의 존재 근거에 대한 인식을 갖지 못하는[不知]" 무지의 가능성을 생각한다. 세계는 합리적 인식 가능성을 벗어나는 것으로 보인다. 세계는 "이성적으로 그렇다고 하지 못한다[不然]." "만물의 끝과 본원을 헤아려

19 李敦化, 앞의 책, 66쪽.

추구해 보면[揣其末 究其本]" 궁극의 이치는 너무 멀어 파악할 수 없다. "마음은 암암지중에 있게 되고[心在於茫茫之中]", "이치는 망망한 아득함 속에 있게 된다[理遠於茫茫之間]." 이러한 맥락에서 생각하다가 그는 다음과 같이 결론을 내린다.

> 그러므로 합리적 필연성을 발견하기 어렵다는 측면에서는 세계는 이성적으로 긍정되지 않는다. 친숙한 사물을 쉽게 판단할 수 있는 견지에서 보면 세계는 긍정될 수 있다. 그러나 그 먼 근원을 견주어 추구하면 세계는 거듭거듭 긍정될 수 없다. 하지만 세계를 조물자(造物者)에게 의거해서 보면 그렇다고 긍정할 수 있고 그러할 만한 이치가 있게 된다.
>
> 是故亂必者不然, 易斷者其然. 比之 於究其遠則, 不然不然, 又不然之事. 付之於造物者則, 其然其然, 又其然之理哉.[20]

최제우의 이 말은 윤석산의 「수운 최제우 연보」에 의하면 1863년(11월)에 이루어진 것이다.[21] 따라서 그것은 1860년의 현존의 경험에서 이해한 무극대도에 대한 사변적 정당화의 시도인 것으로 보인다. 이 추론은 경험적 사물에서 시작하여 그 원인의 원인을 소급해서 추리해 가다가 우주 전체의 우연성을 극복하기 위해 필연적 존재를 상정하는 토마스 아퀴나스(Thomas Aquinas)의 우주론적 신 존

20 崔濟愚, 「不然其然」, 『天道教經典』, 57-64쪽.

21 윤석산, 『수운 최제우』, 모시는사람들, 2004, 311쪽.

재 증명을 닮아 있다. 필연적 존재인 신은 스스로가 스스로의 존재 원인이다. 이로 보아 우주론적 신 존재 증명이 나오는 17세기 마테오 리치(Matteo Ricci)의 『천주실의(天主實義)』를 최제우가 보았을 가능성도 상상해 볼 수 있다. 그러나 그와 유사한 추리가 『장자(莊子)』와 『열자(列子)』 그리고 주희의 태극론(太極論)에서도 나타난다고 한다면 최제우는 전통 철학서에 대한 독서의 기억을 살려 합리적으로도 무극대도의 존재를 논증할 수 있다고 생각했는지 모른다. 하지만 중요한 것은 추론의 정당성이나 그 영향 관계라기보다는 이 추론에 내포되어 있는 심리적 요인이다.

존재의 우연성을 극복하게 해주는 필연적 존재란 어떤 정당성도 느끼지 못하고 떠도는 고독하고 승인받지 못한 인생, 그래서 스스로를 존재 이유 없는 우연성의 포로로 느끼는 인생이 갖는 자기의식과 연관이 있다. 이 자기의식은 안으로는 자신의 존재를 무의 심연 위에 떠 있는 허망한 존재로 인식할 수 있으며, 밖으로는 세계의 존재에 대해서도 그 무의 가능성을 생각하여 그것 역시 무의 심연 위에 이유 없이 놓여 있는 것으로 생각할 수 있다. 이 총체적인 정신적 파국을 벗어나는 하나의 길은 어떤 세간적인 정당한 목적을 찾아 그것에 몰입함으로써 자신의 우연성을 의식하지 못하게 하는 활동을 하는 것이다. 이 길에서 무를 극복하여 우연성을 벗어나고, 우연성을 벗어나 자신의 필연적 존재 이유를 찾으려는 창조적 활동의 가능성이 열릴 수 있다. 이런 의미에서 인간은 스스로가 필연적 존재를 지향하는 경향성이 있는 것으로 보인다. 그러나 스스로가 존재 근거가 될 수 없는 인간은 언제나 다시 무의 가능성으로 미끄러질 수 있다.

그는 자신의 포부에도 불구하고 우연한 존재로 전락한다.

그러나 이러한 허무로의 전락 가능성을 근본적으로 치유하는 극적인 경험이 있을 수 있다. 이것은 거듭해서 자기를 투여할 수 있는 일거리를 찾아 나서야 하는 미봉책이 아니라, 자신과 세계가 무한으로 열린 전체로 용해되는 경험이다. 이 경험에서 자신과 세계가 전체의 생명 활동에 의해 창조된 형상들임을 이해하는 대긍정의 시야가 열린다. 이 위대한 긍정에서 무의 가능성에서 오는 절망적 의식은 개체로서의 자기에 사로잡힌 편협한 습관에서 나온 것임을 자각하게 된다. 이러한 회심(回心)의 자각에서 무에 관한 부정적 의식은 한낱 미몽의 산물이었음을 알게 된다. 위대한 긍정의 순간은 출세간적인 초월의 순간인 동시에 세간에서의 무의 가상을 떨쳐 버리고 세간으로 돌아오게 되는 계기이기도 하다. 세계와의 실존적 분리로부터 세계로 회귀하는 이러한 삶의 전환점에서 새로운 관점에서 존재하고 살아야 할 필연성을 깨달아 그것을 새로운 삶의 양식의 내면적 기초로 삼는 긍정의 주체성이 시작되는 것이다.

그렇다면 최제우의 무극대도에 대한 논변은 그 논증에 의해 대도의 존재가 입증되었다는 것을 의미하는 것은 아니다. 그것은 자신의 본질적 경험에서 새로이 알게 된 존재 근거와 삶의 의미에 대한 추론적 표현일 것이다. 이 표현에는 이제까지의 한많은 부정의 무(無), 이 무를 벗어나려고 발버둥치는 고립과 투쟁의 삶, 그리고 역설적이지만 지성에 의한 필연적 존재에 대한 논증을 무효화하는 일종의 본질 직관적 경험이 숨어 있다. 이 경험에서 열린 세계는 생명의 뜻[春意]으로 가득한 평화의 영역이다. 그의 「제서(題書)」에 의하면 봄과 같은 긍정의 정신은 "마음이 조화롭고 몸의 기운도 조화로운 가운데 봄의 조화를 기다린다[心和氣和, 以待春和]."[22]

유병덕에 의하면 최제우가 "불연과 기연의 두 명제를 쳐들고 전개시킨 이 논리는 형식논리나 인식논리의 차원에서는 쉽게 이해되지 않는다. (그것은) 우주 및 인생의 생성 진화를 체험한 각증(覺證)의 논리"이다. 이 논리에는 '두 가지 논지'가 내포되어 있다. 하나는 '이율배반의 세계 풍광'을 '모순의 통일'로 귀결시키는 '조화의 철학'이며, 또 하나는 현실적 역사와 화해하지 못하는 '불연속적인' "불연의 심정을 경험함으로써" 그 부정적 불연을 "끊임없이 기연(其然)으로 돌리는 작업"이다. 후자는 '불연속의 연속'을 성취하려는 '역사철학적' 의미를 갖는다.[23] 최제우의 본질 직관의 경험은 인생사와 지성의 모순을 화해시키는 조화의 성취이며, 영원 무한자를 역사에 개입시키는 새로운 삶의 양식의 창조를 가리킨다.

최시형이 열망하는 이념이란 바로 그와 같은 의미를 함축하고 있는 생의 의미 원천이었다. 그는 최제우에 의해 빛으로 경험된 '무극대도(無極大道)'를 '천령지령(天靈之靈)'·'심령지령(心靈之靈)'·'성령(性靈)'으로 이해하고[24] 빛과 표현(表顯)의 형이상학을 구성한다. 본체계는 '대우주, 대정신, 대생명(大宇宙, 大精神, 大生命)'이며, '만물화생의 근본(萬物化生之根本)'이다.[25] 이것이 기(氣)이며

22 崔濟愚, 「題書」, 『天道教經典』, 104쪽.

23 柳炳德, 「韓末·日帝시에 있어서의 민족사상」, 『韓國哲學史』(하권), 한국철학회 편, 1987, 255-7쪽.

24 최시형, 『天道教經典』 6, 「心靈之靈」, 274, 427쪽.

"기는 현상계의 창조와 변화의 근원 본체요 근본이다[氣者, 造化之元體根本也]."[26] 그것의 창조적 역동성은 인위적인 것이 아니라 자연의 신묘한 이법에 따르는 활동이다. "'기'의 운행은 강건하여 쉬지 않으며 창조적 변화는 현묘무위하다[氣運, 剛健不息, 造化, 玄妙無爲]."[27] 본체계는 그 자체로 하나인 근원적 통일성[一氣, 元氣]이다. 물질적인 것의 본체는 개체들 간의 연속적 소통성과 시간적 지속성을 가능하게 하는 힘을 갖고 있다는 의미에서 정신이며 생명이다. 물질의 본질은 고체적 분할성이라기보다는 공간적으로나 시간적으로 연속성을 갖는다. 그것은 하나의 심리적 원리이다.

이 점은 주희(朱熹)가 우주를 '우주의 마음[天地之心]'이 관류하는 '대천지(大天地)'로 보고, 인간을 소우주를 의미하는 '소천지(小天地)'로 이해한 것과 유사하다. 이런 의미에서 볼 때, 동학은 전통적 동양 사상의 심학적 특징을 계승하고 있다고 할 수 있다. 그것은 인간의 인격적 가치 향상은 시공간적으로 좁을수록 낮아지며, 그 폭의 확장에 따라 상승한다는 관념이다. 동양 전통이 강조하는 자기수양론이라는 정신의 자기 변형론은 극기의 노력을 통해 정신이 자신의 소통의 범위를 확대해 나가는 운동이다. 최상의 인격성은 시공간적 연속성에 대한 이해와 그 이해의 개방적 확장의 완성에서 이루어진다.

그러나 주희가 태허라는 공활한 본원을 태극으로서의 이(理)로

---

25 위의 책, 8「靈符呪文」, 292쪽.

26 위의 책, 1「天地理氣」, 241쪽.

27 위의 책.

본 반면, 최시형은 그것을 기(氣)로 본다. "기는 현상계의 창조와 변화의 근원 본체요 근본이다[氣者, 造化之元體根本也]."[28] 그것의 창조적 역동성은 인위적인 것이 아니라 자연의 신묘한 이법에 따르는 활동이다. "'기'의 운행은 강건하여 쉬지 않으며 창조적 변화는 현묘무위하다[氣運, 剛健不息, 造化, 玄妙無爲]."[29] 본체계는 그 자체로 하나인 '근원적 통일성이며[一氣, 元氣]', 현상계를 창조하고 그것과 대립 없이 그 안에서 내재하면서 활동한다. 그것은 "천지 우주의 절대 원기이고 절대 성령(天地宇宙, 絶對元氣, 絶對性靈)"이다.[30] 천도(天道)라고도 부르는 이 절대적 '생산과 생명 원리'가 능동적으로 자기를 표현(밖으로 나타냄)하면서 표현된 것 안에 현존한다.

> 위대하다! 천도(天道)의 영묘(靈妙)함이여. 사(事)에 간섭치 아니함이 없으며 물(物)에 '유(有)'치 아니함이 없나니, 만상이 다 천도(天道)의 '표현(表顯)'이니라.[31]

천도는 스스로 영원히 존재할 수 있는 능력을 가지고 있으며, 동시에 사물로서 자기를 표현하는 역동적 전개의 힘을 갖는다. 천도의 존재 자체가 힘이고 운동이다. 천도의 본질은 표현의 약동성이

28 앞의 책.
29 위의 책.
30 위의 책, 37「其他」, 427쪽.
31 위의 책, 428쪽.

다. 이런 의미에서 최시형은 스승의 경험에서 나타난 빛의 약동을 상징하는 '부도(符圖)'를 "심령의 약동부식하는(躍動不息: 쉬지 않고 약동하는) 형용을 표상하여 시천주(侍天主)의 뜻을 가르친" 것으로 이해했다.[32] 인간을 포함한 모든 창조된 것은 천도의 영적 약동성을 나누어 갖는다. 이 나누어 가짐에 대한 종교적 이해가 모심[侍]이며, 그 현상적 형상들을 창조하는 창조력이 표현이다. 손병희에 의하면 "우주는 원래 영의 표현인 것이다[宇宙, 元來 靈之表顯者]."[33]

이에 따라 다수성의 세계 내의 각 개체들이 갖는 특수성에 대한 해명도 표현의 논리에 따른다. '일기(一氣)'는 개별적 사물을 구성하는 자발적 조직화의 능력을 갖는다. 이 능력의 현실화 과정에서 서로 다른 형태의 사물이 형성되는데, 그 이유는 사물의 내적 '조직(組織)'이 서로 다르게 구성되며 '일기'가 그것에 의거하여 각기 다르게 내재하기 때문이다.

> 우주는 일기(一氣)가 역사한 것[所使]이며 일신(一神: 하나의 神氣)이 활동한 것[所爲]이라, 안전에 무수한 형상들[百千萬像]이 비록 그 형체가 각기 다르나[各殊] 그 원리는 하나이다[其理一]. 하나는 곧 천(天)이니, 천이 사물의 조직(組織)에 의하여 표현(表顯)이 각기 다르다[各殊].[34]

32 앞의 책, 434쪽.

33 손병희, 『天道教經典』 14, 「性靈出世說」, 653쪽.

34 최시형, 위의 책, 413쪽.

원래 '기'의 다양한 응결 방식에 따라 궁극의 일자인 '태극'이 각기 다른 분량[量]으로 내재하여 개체의 본성[性]을 구성하게 된다는 견해는 이학(理學)에 익숙한 것이었다. "하나인 실재와 수많은 나누어짐[一實萬分, 周濂溪]", "원리는 하나이고 나누어짐은 특수함[理一分殊, 程伊川]"이라는 존재론적 구조는 최시형에게도 나타난다. 그에게도 우주는 "나누면 하나의 원리가 무수히 특수하고 종합하면 하나의 '기'일 뿐이다[分則 一理萬殊, 合則 一氣而已]."[35] 또한 정이천이 '생명 원리[生之理]'가 내재한 본성을 '종자(種子, 穀性)'에 비유하듯이 최시형도 내재한 한울을 종자[씨알]에 내재한 '종자의 생명(種子의 生命)'으로 이해한다.[36]

이러한 견지에서 최시형은 사물들의 차이에서 그 '종성[種類]'의 차이에 주목하여 '복숭아와 오얏의 열매[挑實, 李實]'가 다르게 익는 것을 지적한다. "동일한 비에도 종자는 다르게 자란다."[37] 즉 다르게 표현된다. 따라서 그는 '기'의 표현 작용을 동종을 생양하는 '동질적 기화(同質的 氣化)'와 종을 나누는 '이질적 기화(異質的 氣化)'로 구분한다. '한울 전체로 본다면' 동질화는 종 내부의 '상호부조'를 이루게 하였고, 이질화는 '종끼리 서로 먹게 함으로써' '기화를 소통[通]시켰다'는 것이다. 이종 사이의 투쟁 관계만을 보는 것은 '좁은 견해[偏見]'이고 전체적으로 보면 우주는 '조화(調和)'의 관계를 형성한다.[38] 영적 생명 원리는 모든 곳에 편재하기에 "각각

35 앞의 책, 3「道訣」, 268쪽.

36 위의 책, 25「養天主」, 367쪽.

37 위의 책, 37「其他」, 413쪽.

의 개체는 서로 순응함이 있고 조화가 있다[各各順應이 有하고 調和가 有하다]."[39] 만유의 소통적 관계에 대한 이해는 자연히 조화의 관념으로 나아간다.

사회적 병폐는 응고된 개체성에 대한 집착에서 오는 특권층의 부패와 백성의 원한에 있다면, 조화의 원리는 사회적으로는 투쟁을 치유하고 심리적으로는 원한을 용해하는 마음의 혁명성을 갖는다. 조화의 원리에 따라 최시형은 종교적 조직과 이를 통한 교세의 확산을 원했다. 그리고 이러한 활동 방식이 평화를 본질로 하는 그의 사상과 일치하는 것으로 보인다. 그러나 조선 후기의 상황은 조직력을 가진 동학으로 하여금 물리적 혁명의 길로 나아가게 했다. 결국 최시형은 혁명을 지시하게 된다. 그러나 이것이 평화적 조화의 원리와 모순되는 것은 아니다. 동학적 조화의 원리는 기존의 권력이나 사회와 조화를 하자는 것이 아니라, 양반과 평민의 분열과 제국들의 위협에서 오는 고통을 극복한다는 변혁성을 갖는 것이기 때문이다. 조화는 사회악의 소멸을 지향한다는 의미를 갖는다. 동학사상 내의 이러한 변혁성은 조선 후기에 지속적으로 일어난 민란과 그 사회적 원인들과 결코 무관할 수 없었다. 동학혁명은 변혁성과 조직을 갖춘 동학이 시대의 반란적 흐름과의 만남으로 인해, 그 흐름이 반제 반봉건적 혁명으로 전환된 것이다.

동질적 기화에 의해 개체들의 종적 본성들이 형성되고, 이질적

---

38 위의 책, 24「以天食天」, 364-5쪽.

39 위의 책, 37「其他」, 414쪽.

기화에 의해 종들 간의 투쟁이 있다. 그리고 우주 전체는 소통적 조화의 힘이 관류하고 있는 유기체이다. 영적 생명력이 각기 다른 분량으로 내재한 것에서 종들은 차이성을 갖게 된다. 또한 각 종들은 각기 다른 형태로 성장하도록 하는 어떤 조직성이 미리 구조화되어 있다. 각기 다른 분량으로 내재한 생명력이라는 것은 생명 능력 강도(强度)의 차이일 것이며, 이 차이가 서로 다른 종들 간의 포식 관계를 설명할 수 있을 것이다. 또한 서로 다른 종들 간에 각기 다른 성질과 형태들을 표현하는 것은 개체에 구조화되어 잠재해 있는 어떤 구조적 양상[理, pattern]이 생명력의 추동에 따라 그렇게 표현되기 때문일 것이다. 여기까지는 기존 이학이 생각할 수 있었던 것이다. 하나의 생명 원리인 '기'가 응축하여 각 종의 생기를 형성하고 동시에 잠재적 '이'를 구성한다. 개체에 내재한 우주적 생기를 가진 종적 본성[性]은 잠재적인 내적 구조로서의 이(理)가 표출되면서 드러나게 된다. 이런 의미에서 '성'은 언제나 '이'와 서로 즉(卽)해 있다[性卽理].

최시형은 바로 이러한 이학적 사고를 계승하고 있다. 개체들의 종적 본성이란 사실상 내재한 일기(一氣)이기 때문에 개체들은 본질상에서는 우주 전체와의 소통성을 갖고 있다. 개체들은 종적 차이를 보이면서 '우주의 마음[天地之心]'이자 '우주의 기[天地之氣]'인 '천지만물의 본래일심[天地萬物, 本來一心]'을 체현하고 있다.[40] 미세한 입자적 존재도 신령한 우주 정신에 평등하게 참여하고 있다.

40 앞의 책, 8「靈符呪文」, 289쪽.

"위로는 일월의 큼과 아래로는 미진(微塵)의 작음이 다 천도(天道)의 영광(靈光)"을 표현한다.[41] 이러한 사상을 몸소 살았던 최시형은 "새 무리가 뜰 나무에 앉아 우는 것을 보고" "천도의 영묘(靈妙)"가 "간섭(干涉)"하여, "밝게 임재하고 있는[照臨]" 것으로 직관하고 그것을 '시천주의 소리'로서 듣는다.[42] 어떤 미미한 개체도 자신의 내적인 신성한 영적 본성에 의해 우주와 연속되어 있지만, 바로 그 본성에 의해 자신의 고유한 존재 의의를 표현한다. 이 때문에 어떤 개체라도 공경을 받는다.[43]

표현의 철학에 근거한 종교심은 모든 개체들에 대한 공경심을 자신의 본질로서 내포한다. 이러한 관대한 충심(衷心)은 다른 개체들의 독자적 존재 의미에 긍정적으로 참여할 수 있는 능력이다. 진정한 종교심은 자신이 초월적 중심이 되어 집단을 통합하는 장악자의 권세심이 아니라, '생성과 무한의 관점'에서 모든 것을 보는 마음이다. 진정한 인격의 독립성과 자유는 내재의 영역에서 생명의 영원성을 구체적 현존으로서 경험한다. 따라서 내재적 종교심은 세상의 충성을 요구하는 것이 아니라 세상에 충성한다. 그러나 시대의 추방자이자 충성자인 최시형은 시대에 대한 충성과 충돌을 점차 운명[天命]으로서 받아들이고, 세상의 불안과 희망을 시대의 '운수'로서

41 李敦化, 앞의 책, 41쪽.

42 이 사건은 1891년, 강원도 인제 이명수의 집에서 일어난다. 최시형은 유랑하면서도 반드시 나무(감나무)를 심었으며, 베짜는 여인이나 유아에게서 천주강림의 현존을 경험한다(위의 책, 125-6쪽).

43 영적 생명 원리는 전체의 핵심적 통일성이자 각 개체들의 고유한 중심 원리이기도 한 것이다.

겪어야 했다. 동학이 보는 시대는 무섭고 불안한 역사적 현실이고, 이 현실은 새로운 역사적 생성 과정을 통해 역사와 인생이 화해하는 개벽의 힘이 시작되는 시대이기도 하다. 이러한 역사의 굴곡은 태초에 무극대도가 나타나 성장했다가 쇠퇴하였고, 이제는 다시 나타나 성장해 가는 필연적 과정이라는 것이다.

4

세계 불안과 자기 인식[自己知]

최시형은 새로운 그리고 결정적인 때의 도래를 하나의 역사적 사건으로 보고, 자신의 삶을 이러한 과정에 일치하는 운명으로 인수한다. 시대의 상황을 전변하는 운(運: 운수, 역운)으로 이해하는 아시아적 방식에 익숙했던 최시형은 기이하게도 세계의 불안을 언급한다. "천지도 불안하고 산천초목도 불안하고 강하와 물고기와 자라와 같은 온갖 수생 동물도 불안하고 나는 새와 지상의 짐승들도 불안하다[天地不安, 山川草木不安, 江河魚鼈不安, 飛禽走獸不安]." 세계 불안은 "새로운 세계가 열리는 개벽의 역운[開闢之運]"이 겪는 필연적 전쟁 상태를 예감한다. 이 전쟁의 국면은 서로 다른 원리에 따라 자신을 전개하는 "과거 선천의 역운과 후천의 역운이 서로 교체하면서 서로의 원리와 세력들이 서로 전쟁하는[先天後天之運, 相交相替, 理氣相戰]" 상황이다. 이 상황은 "만물이 모두 전쟁하기 때문에 인간의 전쟁도 없을 수 없는[萬物皆戰, 豈無人戰乎]" 최후의 결전일 것이다.[1] 이처럼 그의 평화와 조화의 정신은 이 정신이 개벽하여 개화하기까지는 투쟁이 예감되는 불안을 동반하는 것이었다. 이러한 불안은 자기 개인의 삶이 초월적 영원자와 무한히 격리되어 있다는 것에 대한 실존주의적 불안이 아니다. 그것은 이미 자연과 자신의 마음에 현존하는 영원자를 권력의 세상이 알지 못하고 그것에 적대하는 강력한 무력과 문화를 발전시키고 있는 현실 인식에서 오는 불안이다. 그것은 나의 불안이자 세계 불안이다.

역사에 대한 이러한 묵시론적 언설은 최시형의 생애 후반기에 행해지고 더욱 강해진 것으로 보인다. 그리고 그러한 묵시적 관념은 그와 그의 스승이 "진리가 현현하는[顯道]"[2] 후천시대가 시작되는 시기로 믿었던 결정적 시점(1860. 4. 5.) 이후로, 그들과 동학교도의 역사의식에 하나의 분위기로 깔려 있는 불안의 정조(情操)로 드러나고 있다. 그 불안은 세계는 여전히 진리와 합치하지 못하고 있으며, 그래서 모든 인간적 자아가 세계 속에서 자신의 존재와 자유를 획득하지 못하고, 세계와 괴리되고 자신과도 분열되어 있는 상황을 보여 주는 것이다. 이 불안정성은 진리의 현현이 온전히 완성되는 시기에 대한 희망으로 더욱 선명해진다. 그러나 불안은 역시 그 희망 때문에 잠정적인 것으로 된다. 그 희망은 그의 삶을 전환시켰던, 스승과의 만남(1861)에서 전승되고 자각된 우주적 진리[天道, 天理]의 회복 과정에 대한 신념에서 온 것이다.

---

1 崔時亨, 『天道教經典』, 15 「開闢運數」, 330-1쪽. 理氣相戰은 선천의 이치와 기운이 후천의 이치와 기운에 대적하여 싸우는 것이다. 이영로, 『海月神師法說解義』, 천법출판, 2000.

2 위의 책, 334쪽.

진리는 객관적으로는 시대의 역운을 타고 역사 내재적으로 실현될 것이고, 주관적으로는 자신들의 심성에 이미 실현되어 있는 것이다. 진리는 세계와 심연으로 분리되어 단적으로 초월적인 위치에 있는 신이 아니다. 더욱이 최시형이 언급한 불안은 내재의 영역에서 어떤 신성의 흔적도 발견할 수 없는 가운데 구원의 순간을 불확실한 가능성으로서 감지하는 데에서 오는 실존적 불안이 아니다. 실존적 불안은 자연과 나의 존재를 전적인 무의미로 물들이는 무(無) 속에서 초월자의 계시를 가냘픈 가능성으로 기다리는 허무주의에 기초한다. 그것이 허무주의인 까닭은 무라는 존재를 매개로 초월자와의 관계를 설정하기 때문이다.[3] 그러나 최시형의 내재주의적 진리 경험은 인간 존재의 조건으로서의 분리의 무를 말하지 않는다. "사물의 진리 혹은 진제[法諦]는 따로 고원한 곳에 존재하는 것이 아니라 그대의 몸에 있으며 그대의 세계에 있다."[4] "천(天)은 만물을 창조하시고 만물의 내(內)에 거주하신다."[5]

만유로서 자기를 전개하는 하나의 진리는 "혼융한 근원적인 하나의 생명 원리[渾元之一氣]"이다. 이것이 만유에 내재하면서 모든 개체의 자발적 생명력을 구성한다. 그러므로 "우주에 충만한 것은 모

---

3 동학은 주로 동양 전통적인 '평정의 종교'의 자원을 활용한다. 실존적인 '불안의 종교'는 인간 심성을 애태우는 고뇌 속으로 탈진시킴으로써 세속의 상대적 안정성에 투항하게 할 수도 있다. 그러나 불안을 통과하지 않는 종교는 세속화 속으로 종교적 긴장을 실종시킬 수 있다. 이 문제는 J. G. Arapura, 유경희 옮김, 『불안과 평정으로서의 종교』, 서광사, 1995 참조.

4 최시형, 앞의 책, 37「其他」, 422쪽.

5 위의 책, 418쪽.

두 혼원의 일기(一氣)이다[宇宙間, 充滿者, 都是渾元之一氣也].” 그의 진리 경험에서 나타나는 경지 혹은 경애(境涯)에서는 신성한 우주가 ‘하나이고 모든 것’이다. 우주에는 어떤 빈틈의 무도 없다. 또한 최시형은 본원적 생명을 “심령의 존재[心靈之有]”로 경험한다. 그것은 “거대하고 무한한 것[大而無極]”으로서 전개되면 “우주 사이에 가득 차며, 응축하면 하나의 곡식 알 속에 수장된다[用之則滿乎宇宙之間, 廢則藏乎一粒之中矣].”[6] 영적인 생명 원리는 무한히 큰 것으로서 우주에 편재하고 무한히 작은 것으로서 미세한 개체들을 규정하여 그것의 본성[性]으로서 응축된다. 어떠한 미물이라도 거기에 영적 실재가 ‘서리어[凝]’ 있으며, 그 개체들은 모든 방향으로 연속되어 있다. 따라서 다수성의 현상세계는 서로 구분되어[異] 있지만 본질상 분석될 수 없는 통일성[同, 一]을 갖는다. 개체들은 자신의 물체성에 따라 소멸되는 유한성을 갖지만 무로 소멸되는 것이 아니라 형상화되었다가[變, 造] 전체성 속으로 변화[化]되어 가는 것이다.

하나이자 전체인 이러한 경지에서는 존재가 전면적으로 긍정된다. 그리고 존재하는 개체들의 존재 능력은 그것에 서리어 있는 본성의 활력과 이것과 연속되어 있는 ‘우주적 활력[生機]’에 의해 보장받는다. 이 우주적 활력은 스스로 영원히 작용함으로써 자신의 존재 능력을 현시하고 개체들도 그 영원성에 뿌리를 내림으로써 실재성과 만족성을 갖게 된다. 연속성 속에서의 개체들의 만족성이 존

6 앞의 책, 9「守心正氣」, 296-7쪽.

재의 본질이다. 따라서 인간을 포함한 모든 개체는 상호교류하는 공감적[和] 관계 안에서만 존재 의의와 기쁨을 느낀다.[7] 나아가 개체들은 영적인 근원자와의 접속 관계 속에서 자아의 본질과 실재성을 경험할 수 있다. 그러므로 "개인들 각개가 능히 신인합일이 자아의 본성으로 된다는 것을 자각할 수 있다[個人各個가 能히 神人合一이 自我됨을 覺]."[8] 우주의 본질과 자아의 본질의 일치를 깨닫는 데에서 비로소 자아의 존재 의의를 알게 된다. "천지의 정신은 나로 하여금 잠에서 깨게 하며[天地精神令我曉]", "천지정신이 총괄적으로 나 일신 가운데로 귀착한다[天地精神, 總歸一身之中]."[9]

그러므로 우주정신으로서의 "도(道)를 지(知)한다 함은 곧 자기가 자기를 지(知)함이니 자기를 지(知)코자 아니하고 타(他)를 지(知)코자 하는 인(人)"은 자기상실을 벗어나지 못하는 것이 된다.[10] 궁극의 진리는 자아의 본성을 회복하게 한다. 그것은 '욕념(慾念)'[11]의 대상으로서의 외적 사물도 아니고, 자아와 단적으로 멀어져 있는 초월적인 타자도 아니다. 자기 인식은 욕념에 지배되는 대립적 자기의식으로부터 벗어나는, 마음[心]의 내적 자기 수렴 운동이라는

7 박재순, 「함석헌의 생명사상」, 이경숙 · 박재순 · 차옥숭, 『한국생명사상의 뿌리』, 이화여대출판부, 2001, 153-5쪽. 저자는 여기서 '아픔'에 대한 공감을 '종교적 영성'과 공동체의 기초로서 강조한다. 통절한 연민이야말로 자기 겸허를 통해 '우주적 생명'과 '하나'가 되는 기쁨의 세계를 향하여 권력과 적대하는 원천적 힘이 되는 것이다.

8 최시형, 앞의 책, 37 其他. 423-4쪽.

9 위의 책, 36 「降詩」, 406쪽; 9 「守心正氣」, 295쪽.

10 위의 책, 37 「其他」, 410쪽.

11 위의 책, 9 「守心正氣」, 296쪽.

수양을 통해 이루어진다. 도교의 어휘로 그것은 '근원으로의 환원(還元)' 과정이라는 '기질 변화(氣質變化)'를 통해 성취된다. 성리학은 환원이라는 어휘를 사용하지 않고 '기질 변화'라는 어휘를 채택하여 인간의 본연지성(本然之性)을 이해하고 보존하려는 내적 노력을 의미했다. 이러한 의미에서 최시형은 동학을 '도학(道學)'으로, 도학을 '심학(心學)'으로 이해한다.[12]

사물을 원리적으로 이해하는 것과 윤리적 삶의 태도를 결합시키는 이러한 사유 방식은 사실 중국이나 조선의 이학과 불교 및 도교 철학에서 이미 숙지된 것이었다. 최시형과 그의 스승은 이 점을 잘 알고 있었다. 다만 그들은 기존의 신분 위계 제도가 준 인생의 분열과 가치 저하에 대한 극복 의지와 심학을 연결시켰으며, 강렬한 종교심에 의거해서 전통 심학 속에 함축되어 잠겨 있었던 긍정적 화해의 정신을 폭발시킨 것이다. 원래 『능엄경(楞嚴經)』의 어휘였던 본연지성은 당송(唐宋)대의 도교와 성리학의 주요 개념으로 자리 잡았다. 그것은 사물과의 대립으로 이끄는 사사로운 자아를 극복하고 우주의 본원과 소통하는 광활한 본성을 의미했다. 이학(理學)에서는 본연지성을 인간의 마음에 내재하는 생명 원리로서의 '태극(太極)'으로 해석하고, 그것의 가장 중요한 내용을 만물과 일체를 이루게 할 수 있는 소통성을 가진 '인(仁)'으로 보았다. 그리고 이 '인'을 바탕으로 삼강오륜과 같은 봉건 가치 체계가 수립되었다는 것이다. 동학은 우주적 소통성을 본질로 하는 본연지성을 계승하고, 폐

12 앞의 책, 11 「篤工」, 310쪽.

쇄적 봉건 가치 질서에 대해서는 문화 정서상 전적으로 폐기할 수 있었던 것은 아니지만, 점차 그 위계적 불평등성을 자각적으로 넘어서는 방향을 취하게 되었다.

바로 이 점이 그들이 유·불·도 삼교합일을 계승하지만 그것과 다른 사상을 말한다고 한 이유인 것이다. 심학적 '마음의 기술[心術]'[13]은 상류사회 지식인의 내적 자기 위안의 수단이 아니었다. 그것은 모든 개인으로 하여금 버려진 생을 되찾게 하여 자신의 본질을 획득함과 동시에 구체적 생활 속에서 모든 관계를 신성의 현현으로 변형시키는 기술이다. 개체적 사물이나 개체들의 관계에서 일어나는 사건들은 신성한 '한울[天]'을 '체화하고 있다[物物天, 事事天].' 인간의 경우도 마찬가지이다. "인간은 한울과 분리되어 있지 않고, 한울은 인간에게서 분리되어 있지 않다[人不離天, 天不離人]." "인간은 한울이며[人是天]" "인간은 한울사람[人是天人]"이다.[14]

이와 같이 개체에 내재하면서 그들 간의 관계를 신성한 질서 즉 광명으로 만드는 개체적 본질을 최시형은 '심령(心靈)' 혹은 '성령(性靈)'으로 명명한다.[15]

> 인간의 성령은 한울의 해와 달과 같으니 해가 중천에 이르면 만국이 자연히 밝고, 달이 중천에 이르면 무수한 강들이 자연히 달을 반사

13 위의 책, 7「待人接物」, 286쪽.

14 위의 책, 24「以天食天」, 364쪽; 2「天地父母」, 254쪽; 7「待人接物」, 278쪽; 15「開闢運數」, 329쪽.

15 위의 책, 9「守心正氣」, 296-7쪽.

하며, 성령이 중심에 이르면 온갖 몸체가 자연히 평안하고, 심령이 중심에 이르면 만사가 자연히 신묘하게 자유로워진다.

人之性靈也, 如天之日月, 日中則萬國自明, 月中則天江自照, 性中則百體自安, 靈中則萬事自神矣.[16]

물체와 신체 속에 내재하는 심령인 성령은 그것들을 존엄한 주체로 구성하는 '주체성[主]'의 원리이다. 그것은 인간의 경우 그를 '평화의 심정[安, 安靜]'으로 안정시키는 자기 인식의 상관자이다. "신체는 심령의 집이며, 심령은 신체의 주체성이고, 심령의 존재는 일신의 안정이다[身體, 心靈之舍也. 心靈, 身體之主也. 心靈之有, 爲一身之安靜也]."[17] 진정한 주체성은 물체나 신체들 사이를 무(無)로 분할하여 틈을 만드는 원자론적 고립화에서 찾아지지 않는다. 주체성의 원리는 오히려 "나에게 있는 본연의 한울[在我之本然天]"[18]이다. 주체성은 단일한 한울이 '다수성 속에서 나누어져[萬殊]' 존재하면서 서로 반사하고 있는 연대적 소통 관계에 대한 투시적 인식에서 얻어진다. 주체성은 타자를 부정함으로써 자신의 존재를 정립하는 분열적 관계에 의해 얻어지는 것이 아니다. 그것은 타자의 본연의 내부에서 자신을 발견하고 타자의 존재를 긍정적으로 조명하는[照] 데에서 세워진다.

이런 반사적 관계 속에서 개체의 본질[性靈]은 하나의 '거울[鏡]'

16 앞의 책, 297-8쪽.

17 위의 책, 296쪽.

18 위의 책, 8「靈符呪文」, 289쪽; 4「天地人. 鬼神. 陰陽」, 268쪽.

이고 '구슬[珠]'이 된다.[19] 구슬들 사이에는 어떤 간격도 없다. 구슬로서의 각 개체의 본질은 그 개체에 생기를 부여한다. 개체들은 생기의 충만을 자신의 한계 안에서 구현하고 있다. 개체들은 본질적으로 존재에 대한 포부와 요구를 갖고 있다. 또한 개체에 구현되고 있는 존재 능력은 자연의 영원한 생명에 본원한 것이기에 평등한 것이다. 존재는 어디에서나 평등하고 충만하다. 진정한 주체성은 만유의 평등성에 대한 회통적 인식을 바탕으로 성립하며 또 여기에서 진정한 자기 인식의 목표에 도달한다.

원래 장횡거(張橫渠, 1020~1077)가 우주를 태허(太虛)에 본원하는 하나의 기(氣)가 분화되어 전개된 것으로 보고, 거기에는 어떤 빈 공간도 없다는 의미에서 '무는 없다[無無]'고 단언한 이후 이학(理學)은 만유의 연속성을 강조해 왔다. 그에 의하면 있다 없다에 관한 의식은 인간의 욕망이 갖는 '애오(愛惡)'의 감정과 연관된 '시각[離明]'의 피상적 지각에서 나온 것이다. 시각적으로 있어 보이는 것에는 기뻐하고 없어지면 슬퍼하는 등의 감각적 삶은 만유의 연속성을 보지 못한다. 그 때문에 우주의 본원이자 인간의 '본래적 본성[天地之性]'에 대한 이해에 도달하기 위해서는 현상에만 사로잡힌 피상적인 '유무의 분별(有無之分)'을 벗어나야 한다.[20] 무는 기대가 좌절되거나 시각적으로만 있고 없음을 판단하는 데에서 온 심리적 산물이라는 것이다. 또한 삼교합일을 전제로 인간성의 연금술적 변

---

19 위의 책, 9「守心正氣」, 297쪽.

20 張橫渠, 『正蒙』, 太和篇,

형을 주장했던 도교의 장백단(張伯端, 983~1082)도 '욕념지성(欲念之性)'의 발동을 '본원지성(本元之性)'으로 순화할 것을 주장하고, 본원의 "성의 전체가 자각적으로 현현된[性之全體現]" 경지를 불가의 "유도 아니고 무도 아닌[非有非無]" 것으로 묘사하였다. '형체[形, 色]'에 대한 집착에서 오는 분별하는 부정적 의식에서는 '친소(親疏), 피차(彼此)'가 있으나, 유·무를 벗어난 긍정의 마음은 "존비귀천을 일체로 평등하게 볼 뿐이다(尊卑貴賤, 一體等觀而已)."[21]

초기 동학이 장백단을 읽었다는 증거는 없다. 그러나 도교의 인간관과 사회관의 기본 특징들에 대해서는 동학은 분명 잘 알고 있었으며, 스스로의 수양의 체험에서 경험적으로 공감할 수 있었던 것으로 보인다. 윤노빈(尹老彬, 1941~)은 이러한 동학이 갖는 우주적 평등의 관점에서 "눈은 대상을 감각적으로 쪼개는 칼"에 비유하고, "자아는 '무궁히' 팽창되어 가는 공[球]과 비슷하다"고 하였다. 그에 의하면 자아의 연속적 팽창은 모든 분할과 막힘을 넘어서는 "무궁(無窮)의 상(相) 아래서" 우주의 "말씀을 듣고 있는" 관점으로 나아가는 정신의 운동이자 투쟁이다. 생의 본질은 '넓이'이며 이것이 '깊이'이다.[22]

자아의 본질적 깊이를 존재론적 연속성에서 찾는 무궁의 철학은 사물을 분할하는 지성의 능력에 한계를 설정한다. 무궁한 연속성의

21 장백단, 『悟眞篇』(王沐淺, 『悟眞篇淺解』), 中華書局, 1990, 183-4쪽.

22 윤노빈, 『新生哲學』, 학민사, 2003, 38, 58, 291쪽.

철학은 모든 관계를 서로 공감하는 감응의 관계로 본다. 진정한 관계는 부정적 혹은 경쟁적 대립이나 밀고 당기는 기계적 인과성이 아니다. 그것은 타자를 비껴 가는 대상으로 삼거나 자아의 수단적 속성으로 환원하는 것도 아니다. 진실한 관계는 내적 교감 속에서 타자의 개체적 존재를 절대적으로 긍정하는 것이다. 진정한 관계는 타자와의 관계에 임재[臨, 侍], 현존[顯, 現]해 있는 절대자[天主, 한울님] 속에서 이루어진다. 타인과 사물의 존재는 마치 절대자가 지금 여기에 현존하는 것처럼 나에게 나타난다. 따라서 절대자뿐만 아니라 모든 개체들의 존재는 현존으로서 경험된다. 이러한 경험은 경험자로 하여금 절대자가 현존하는 현재(現在)의 순간에서 인생을 충실하게 살도록 한다. 이 충실성이 타자와의 관계를 자아의 대립적 속성으로 만드는 것이 아니라 본질적 화(和)의 관계로 정립한다. 이런 맥락에서 최시형은 '경천(敬天) · 경인(敬人) · 경물(敬物)'이라는, 모든 있는 것들의 평등한 '존재'에 대해 공경하는 종교심 속에서 살 수가 있었던 것이다. 그의 '관서(寬恕)' 혹은 '인서(仁恕)'의 개방적 윤리는 그러한 존재에 대한 긍정의 경험에 근원한다.[23]

이런 의미에서 볼 때, 동학적 윤리 관념은 전통 유가적 가치 개념에서 그 권위주의적 의미를 벗겨 내고, 평등한 긍정의 정신을 담아내었다. '관서'와 '인서'는 구체적 인간관계에서는 상호존중의 덕이 되고, 사회적으로는 공익을 구하게 하는 민주공화제의 덕으로 나갈 수 있는 의미를 갖추고 있다. 이러한 사회윤리는 20세기 일제하

23 최시형, 앞의 책, 21「三敬」, 354-8쪽; 7「待人接物」, 282-3쪽.

에서의 천도교의 진보적 사상 문화 운동의 전개에 윤리적 초석이 되었다. 그리고 그 윤리는 자연과의 개방적 연대성을 추구하는 형이상학적 세계상에 기초한다. 이 세계상이 갖는 개방적 연대성은 봉건적 폐쇄성을 넘어설 수 있었을 뿐만 아니라, 근대 자본주의적 개인주의가 갖는 정치 경제적 폐쇄성을 넘어서는 급진적 진보성을 갖는다. 근대 초 민족자본가들의 헌신적 교육운동과 독립운동은 개방적 연대성의 관점에서 재해석된 유가적 가치관과 분리될 수 없다.

5

개방성과 연대성

그러나 재해석된 유가적 가치가 비록 봉건적 제도에 대한 비판적 의미를 갖고 있었다 하더라도, 구체적인 정치 경제적 대안에 대해서는 여전히 추상적 단계에 머물러 있었다. 또한 상부상조의 협동적 성격과 정치적 조직의 성격을 갖는 동학의 조직이 혁명의 조직으로 되었다 하더라도, 동학의 윤리와 조직이 사회 전체의 제도적 대안으로 되기에는 종교적 조직의 성격이 갖는 일면성을 벗어날 수 없었다. 동학혁명 이후 동학은 근대 한국의 두 가지 사상 운동의 방향(민족적 자유주의와 사회주의) 사이에서 고민하거나, 동학적 개념들을 사회의 문제들과 연관하여 더 개진해야 하는 상황에 직면하였다. 근대화를 공업국의 지도 아래 할 수밖에 없다고 생각한 사람들은 제국주의에 둔감한 감각을 가지고 활동했으며, 자주적 노선을 선택한 사람들은 정치적 투쟁의 길을 갔다. 이러한 중층적 상황 속에서 일제하의 천도교는 인권과 평등의 정신을 살리는 문화 운동(어린이해방운동, 여성해방운동, 진보적 사상운동 등)을 전개했다.

이러한 사회운동은 개체의 자주성이 관심으로 된 사회 문화적 조류를 반영하는 것이기도 하지만, 거기에는 개방적 연대성을 핵심으로 하는 동학적 심성과 가치관이 깊게 작용하고 있었다. 최시형의 '공경심[敬]'의 대상은 생명 원리로서의 '기'의 산물인 타인과 사물들이다. 그러나 보다 정확히 말한다면, 공경의 상관자는 존재하는 것들의 평등성이다. 평등성에 대한 긍정은 세속적 욕망의 호오감정에서 오는 유・무의 분할을 넘어서는 비움[虛]의 실천에 의해서 가능하다. 비움의 실천은 '사욕(私慾)' '사물(私物)' '사영(私榮)'을 포기하고, "광대한 공허 안으로 정신을 응축하는[凝神太虛]" 자기 수렴의 운동이다.[1] 이 정신의 운동에 의해 태허 상태가 된 마음은 비로소 존재를 공경하면서 인수하는 겸허한 '수동성[無爲]'에 이르게 된다. 이러한 수동 상태는 절대자의 임재에 대한 직관에 의해 종교적인 견고한 토대를 얻게 된다. 그리고 종교적 수동 상태만이 최시형이 도교의 어휘로 '영묘한 빛[靈光]'이라고 했고 손병희가 '허광심(虛光心)'이라고 했던,[2] 마음의 드넓은 개활성(開闊性)과 생기를 나오게 한다. 이런 의미에서 심정의 수동 상태는 사실상 생기가 약동하는 능동성이며, 이 능동성에서 오는 활발한 즐거움이다. 천도교 잡지 『新人間』(1926년 창간)의 제목이 보여 주듯이 동학의 인간관은 안으로는 심성이 우주적 생기와 소통하고, 밖으로는 타자를 동포(同胞)로 포용하는 새로운 인간상을 창조해 내었다.

1 최시형, 『天道教經典』, 11 「篤工」, 312쪽.

2 李敦化, 『天道教創建史』, 천도교중앙총리원, 1933, 131쪽; 孫秉熙, 6 「三心觀」, 467쪽.

다른 존재에 대한 심적 개방성은 이윤[利]과 신분 질서가 갖는 배타적 안정성을 용해시킨다. 그것은 정착 없는 무주(無住)의 자유 이외의 다른 것이 아니다. 이 자유가 생을 무한으로 열어젖히고 존재의 긍정을 위한 생의 모험과 방랑에 들어가게 한다. '현존의 스승[神人, 神師]'[3]으로서, 존재의 공경자로서 최시형은 역사 속에 나타났다. 영원한 가치는 동서를 막론하고 하나의 개체적 인격의 생애에 의해 드러나고 전승된다. 최시형이 드러낸 개방성과 자유는 모든 것을 산업적 유용성의 법칙과 차별적 예속의 질서에 종속시키는 역사의 흐름 한가운데에 홀로 세워진 절개이다. "성인의 절개는 겨울 산마루의 외로운 소나무와 같아서 홀로 봄빛을 띠고 있다[聖節, 如冬嶺孤松, 獨帶春光]."[4]

이상의 논의에서 볼 때 최시형의 자기 인식에서 오는 자유는 근원적 고독과 사회적 참여라는 이중적 의미를 내포하고 있다.

(1) 내적 자기 인식에서 만나는 자아의 본질은 우주의 본질적 생명 원리이다. 생명 원리는 일단 유용성과 유위(有爲)의 삶의 포기를 동반하는 '수심정기(守心正氣: 마음을 지키고 심신의 기운을 조화의 체계로 바로잡음)'라는 수양의 끝에서 직관된다. 그러므로 직관은 타성적인 감각적 직관이라기보다는 의지적 직관이 된다. 이 직관에 의해 "정신은 내면의 그윽하고 빈 계곡과 같은 상태에 들어가고, 종일토록 어리석은 것 같고, 기운은 평정되며 정신은 청명해진

---

3 천도교에서는 최수운을 大神師, 최시형을 神師로 칭한다. 도교의 전통에서 신은 절대에 접속할 수 있는 정신의 단계이다.

4 최시형, 앞의 책, 12「聖人之德化」, 317쪽.

다[神入幽谷, 終日如愚, 氣平正, 心神淸明矣].”[5] 정신은 사교적 의사소통을 탈각하고 침묵의 고독 속에서 '절대 근원적 생명성[絶對元氣]'[6]에 접속한다. 정신의 이러한 근원적 고독은 언어적 사회성에서 멀어져 있고 그것을 넘어서 있는 형이상(形而上)의 백치 상태이다.

또한 자유는 역사가 주는 현실적 종속뿐만 아니라 초월적 천(天)에의 종속을 탈피한 것이다. 최시형의 신앙[信]은 천이 가진 선한 가치들이 인간으로부터 소외된 것이 아니라 그것을 인간의 속성으로 변화시킨다는 인본주의적 믿음의 행위이다. 신앙은 믿음뿐만 아니라 수양의 행위를 요구하며, 이 행위는 "천지를 내 마음에 접근시킨다[是近天地我心]."[7] 나아가 내 마음이 "천도를 나의 삶의 본체와 발용으로 하는 것이며, 이것이 인도이다[天道를 體用함은 是人道니]."[8]

에리히 프롬(Erich Fromm)의 종교심리학은 종교를 '권위주의적 종교'와 '인도주의적 종교'로 나눈다. "인도주의적 종교에 있어서 인간의 목적은 최대의 무력함이 아닌 최대의 강인함을 성취하는 것이다. …… 권위주의적 종교에서 가장 뚜렷한 감정적 분위기는 비애감과 죄악감이었던 반면 여기서의 그것은 기쁨의 감정이다."[9] 이

---

5 앞의 책, 11「篤工」, 313쪽.

6 위의 책, 37「其他」, 427쪽.

7 위의 책, 9「守心正氣」, 302쪽.

8 위의 책, 37「其他」, 426쪽.

9 Erich Fromm, 문학과사회연구소 옮김, 『정신분석과 종교(*Psychoanalysis and Religion*)』(1967; 청하, 1983, 54-5쪽). 그는 인도주의적 종교에 속하는 것을 초기 불교, 유교, 이사야, 예수, 소크라테스, 스피노자 및 유태교와·기독교 내의 신비주의적인 것 등으로 본다(55쪽).

런 의미에서 최시형의 신앙이 창조한 자유의 인격은 세계 정복자를 넘어선 세계 극복자로서의 인격이라 할 수 있을 것이다. 그러한 초극된 인격의 고독이 바로 자유의 독립성을 가능하게 하는 근본 조건이다. 그러나 최시형의 신앙 대상인 '무극대도(無極大道)'는 그것이 비록 내재적 성격을 강하게 갖고 있다고 할지라도, 소유와 분석이라는 인간적 능력으로 접근할 수는 없는 것이다. 무한 존재는 인간의 현세적 영광을 더 증식시키는 소유 목록 중의 하나가 아니다. 만일 지성의 분석적 인식도 동물적 포획과 소유의 연장선에 있다고 한다면, 무한 존재는 일체의 소유적 파악과 이용으로부터 자유로운 초월성을 유지하는 것이다. 그것은 모든 인간적 관심 중에서 지고의 궁극성을 갖는다. 인격도 자유이지만 신격도 자유이다. 무한 존재는 인간의 포로가 아니며 차라리 인간이 그것에 사로잡힘으로써 자신이 자유로 해방된다.

무한 존재인 무극대도는 세간적 관심에 의해 완결될 수 있는 한정된 지평을 갖지 않는 무한한 숭고한 존재로 경험된다. 무지평의 존재는 '경외지심(敬畏之心)'[10]의 상관자이다. 따라서 최시형은 천주(天主)의 주(主)를 주인이기보다는 존엄의 뜻인 '님'으로 이해하고, "한울님에 대해 오만하지 말고[毋慢]" "한울님을 굴복시키지 말라[毋屈天]"고 경계하였다.[11] 이렇게 볼 때 근원적 고독과 자유는 진정한 모든 종교심의 핵심 조건이 되며, 모든 존재하는 것들을 사랑

---

10 최시형, 앞의 책, 10「誠敬信」, 306쪽.

11 위의 책, 28「十毋天」, 374쪽.

하는 심적 능력이 된다. 이 능력이 최시형을 현존과 공경의 명수로 만든 것이다.

(2) 개방적 자유가 갖는 근원적 고독은 폐쇄적인 개인의 내면으로 인간을 한정시키는 것이 아니다. 그것은 개인의 권리나 의무를 논할 수 있는 차원을 넘어설 뿐만 아니라, 외면성을 버린 내면에 고착된 것도 아니다. 개방성은 개인이 자신의 본원적 성품을 자연의 통일적 본성과 상통하는 것으로 자각하는 대양(大洋)의 경험을 의미한다. "마음이 하루아침에 드넓게 트여 진리를 관통하면 마음의 영적 가르침을 분명하게 들을 수 있다[心이 一朝에 豁然貫通하면 心靈의 教를 聞하나니]."[12] 그러나 활연관통 이전의 응고된 개인들의 의식은 본질적 차원에서의 개체들의 상통성을 알지 못한다. 그들의 자기의식은 자기의 근저에 있는 우주 전체의 연속성을 인지하지 못한다. 의식에게 내적 깊이는 무의식으로 남아 있다. 최시형과 그의 스승은 불가의 본성의 바다[性海]와 파도의 비유나 이학의 나무뿌리[本]와 가지[末, 枝]의 비유를 통해, 현상적 의식과 심층의 생명 원리의 관계를 잘 알고 있었다. 개체성에 집착되어 있는 사람들의 사회적 관계는 각기 자신을 위하는 마음[各自爲心, 최제우]에 한정되어 있다. 그러나 생명의 원천으로 융화된 의식은 그 원천을 자신의 생활 근거로 삼는다. "사람이란 그들 모두가 모시고 있는 한울님의 영적 생명력으로 생활하는 존재[人皆以侍天主之靈氣生活者]"이다.[13]

12 앞의 책, 37「其他」, 415쪽.

13 위의 책, 19「向我設位」.

심지어 그 사람은 "인간의 먹고 살고자 하는 생각도 한울님의 감응하는 마음[人之欲食之念, 卽天主感應之念]"이었음을 체험한다.[14]

이와 같은 인식이 인간의 사회적 관계가 본질상 느낌과 감응의 연대성이라는 것을 자각하게 하는 것이다. 우리의 의식이 의식하지 못하는 느낌의 연속성이라는 존재론적 원리가 사회 속에 나타난 것이 진정한 연대성이다. 이러한 연대성이 사회의 모순을 해결하는 총체성의 이념을 인위적으로 제시하여 그 깃발 아래로 사람을 응집시키는 것은 아니다. 응집하여 관리하는 사회공학적 태도는 조작적 이성을 전제한다. 사회학이나 역사학이 이러한 입장에서 동학운동사에 접근한다면 출발점에서 핵심을 비껴 나간 것이다. 최시형의 연대성과 동학 조직의 근본 정신은 도구적 이성에서 나온 것이 아니라 우주와의 소통적 관계를 사회-역사 안에서 표출한 개방적 연대성이다.

개방적 인격은 안으로는 만유의 본질인 "심령의 부단한 약동[心靈의 躍動不息]"[15]을 갖추고, 밖으로는 그것이 표출하여 전개하려는 생명의 발용에 따른다. 따라서 이러한 실천 구조는 전통적 유·불·도 삼교가 그토록 강조했던 본체와 발용의 통일[體用合一]을 공경과 평등의 관계를 통해 실현해 낸 것이다. "안으로는 신령이 있고 밖으로는 '기'의 실현이 있다[內有神靈, 外有氣化]"[16]는 최시형과 최제우의 신조는 위와 같은 우주적이고 사회적인 의미를 갖는 것이었

14 위의 책.

15 위의 책, 37「其他」, 434쪽.

16 위의 책, 8「靈符呪文」, 293쪽.

다. 그것이 최시형으로 하여금 기존의 사회조직의 수혜자가 아닌 도망자로서 그리고 새로운 조직을 생성시키는 혁명가로 살게 만든 것이다. 김종민(白菴 金種敏, 1897~1974)에 의하면 "수운은 맑고 맑아 인간을 초월했고, 해월은 밝고 밝아 세계와 함께하였다[水雲淡淡超人間, 海月明明共世界]."[17] 바로 이러한 '세계와 함께하는[共世界]' 정신이 동학을 단순한 주관적 해탈주의에 빠지지 않게 함으로써, 영성주의적 부패를 방지하게 할 수 있었던 것이다. 이러한 '공세계(共世界)'의 정신은 동학사상사로 하여금 한국 근대의 급진주의 사회사상사의 한 장을 차지할 수 있게 하였다.

동학의 연대성은 우리의 이성이 타인의 주권을 상상력의 도움으로 인정하여 만들어 낸 추상적 일반 원리[公理]와 겉보기에는 같을 수 있다. 그러나 타인의 존재 의미를 평등하게 공경하는 동학의 일반 원리는 사물 내부의 보이지 않는 심층적 실재를 향해 우리의 의식이 자신의 표층을 깨고 나와 그것과 동화되는 데에 근거한 것이다. 이러한 자기 변형을 통한 타자와의 심층적 동화작용 즉 '달라지면서 같아지는' 마음의 기술이 사회조직의 심성론적 기초이다. 이 기초에서 서로 다른 개체들의 독립적 자주성을 평등하게 긍정하는 기술이 나온다. 그것은 평등한 연대라는 사회적 원리가 생산되는 주체적 조건이다. 이 주체적 조건은 대지(大地)의 내부로 내려가는 마음의 하강 운동과 다시 사회적 평등으로 나오는 수평 운동의 노력을 결합시킨다. 그것은 공통의 동의에 도달하기 위해 추상적 합의

17 白菴 金種敏, 「白菴錄」, 글나무, 2001, 141-2쪽.

를 지향하는 개인들의 추상화 능력이 아니다. 타자의 존재에 대한 공감하는 긍정은 추상적 합의의 '법칙'에 따르는 것이 아니라, 타자의 심층과 교류하는 사랑[寬仁]의 '능력'이다.

최시형에 의하면 "한울을 공경함으로써 타인과 내가 포태(胞胎)를 같이하고 사물과 내가 포태를 같이하는 전체적 진리(理諦)를 깨닫는다[敬天함으로써 人吾同胞, 物吾同胞의 全的理諦를 깨달을 것이요]."[18] 이 말은 중국 송(宋)대 이학(理學)의 창시자 중 한 사람인 장횡거(張橫渠)의 「서명(西銘)」에 나오는 사해동포주의적 어휘를 활용한 것이다.[19] 그러나 장횡거가 사대부 사회 경영자의 견지에서 그것을 치(治)의 방법으로서 활용했다면, 최시형의 사해동포주의는 자신과 각 개인의 내부에 잠재해 있는 생명의지를 드러냄으로써 모두를 새로운 유대의 방향으로 탈출하게 하는 이념인 것이다.

동화(同化)의 명수였던 동학의 사람들은 대낮에도 가끔 혼몽 상태에 빠진다. 처음부터 동학은 한밤과도 같은 어두운 심연과 빛의 경험으로부터 나왔다. 이들은 혼몽으로부터 자신을 수습하여 동화의 경험이 주는 의미를 주술적으로 말하고 새로운 질서로의 변화를 말하는 주체성으로 거듭난다. 이 때문에 기존의 정상적 가치 체계[正學]에 순응하는 선비 의식의 눈에는 그러한 인격은 악마적 도착[邪]으로 인식되었다. 성리를 옹호하고 동학과 싸우는 위정척사(衛正斥邪)의 입장에서는 동학적 주체성은 통제적 주체성에서 빗나가

18 崔時亨, 앞의 책, 21「三敬」, 355쪽.

19 張橫渠,「西銘」,『正蒙』.

는 것[左道]이다. 그것은 "영원히 바꾸지 못할 가치 체계[萬世不易之道]"를 명심하지 않고 거기에서 이탈하는 것이다. 선비의 살신성인(殺身成仁)이라는 엘리트 의식에서 의병 운동을 했던 안중근이 동학 토벌에도 가담했던 것은 동학을 좌도난정(左道亂正)의 길로 보는 위와 같은 입장의 발로일 것이다.

그러나 최시형의 주체성은 과거에 일어난 경험에서 생명의 영원한 의미를 자각하고 그것이 실현되는 미래를 지향하는 시간 속에서 산다. 이러한 시간적 주체성이 새로운 역사적 '사건'을 연대적으로 조직한다. 최시형의 공적인 삶의 방식은 "모든 종(種)들 간의 연대적 성장 발전을 도모하는 것[種屬과 種屬의 連帶的成長發展을 圖謀하는 것]"이다.[20] 그리고 이러한 입장은 선(善)이란 모든 선한 것들의 평균적 공통성도 아니고, 통제적인 합리적 도덕 법칙도 아닐 것이라는 것을 암시한다. 근대적 사고의 특징은 합리적 정상인의 의식을 전제하고 표층적으로 드러나는 갈등을 이성적으로 해결하고자 하는 것이다. 그러한 의식은 인생의 심층에 잠재해 있는 생의 요구나 비언어적 아우성과 열망을 오히려 점잖지 못한 것으로 억압한다.

윤리에 이르는 또 하나의 길이 있다. 그것은 도시 시민의 개인주의적인 합리성을 통한 합의에서 오는 길이 아니다. 그것은 과거 성인들이 그랬듯이 언제나 황야나 숲으로 나아가 어떤 우주적 진실을 가지고 도시나 마을로 와서 세상을 공략하는 길이다. 이 길은 '권력

20 崔時亨, 앞의 책, 24「以天食天」, 365쪽.

의 도가니'인 도시나 마을과 충돌하고, 세상 사람들의 심정에 열망을 불러일으킨다. 이와 유사하게 초기 동학의 창시자들은 생사의 위기로 점철된 생애를 보냈다. 이것은 그들이 기존의 권세와 이성에게는 낯선 생의 '약동(躍動)'을 '부적(靈符)'으로 가져왔기 때문이다. 생의 약동과 일치하는 삶은 나와 타자를 "유한한 형체를 가진 절대자[有形天]"[21]로 이해한다. 그러한 삶은 인간 내부의 영원성을 사회적 관계로 드러내고자 한다. 그것은 기존의 노예 상태가 주는 모든 안이한 습관에서 벗어나 생명의 무궁한 흐름과 자기표현의 역동성에 근거한 자주성을 부단히 시험하고 연습한다. 손병희와 그의 시대의 문화운동은 개체들의 독자성과 연대성을 살리는 민주공화제적 방향을 갖고 있었다. 그러나 그들의 '공화심(共和心)'의 기초는 내재적 종교성을 가진 생명 철학적 이념을 새로이 해석하는 노력이었다.[22] 이처럼 천도교가 공화주의로 나갈 수 있었던 것은 개방적 연대성을 함의하고 있는 생명론적 가치관이 초기부터 있었기 때문이다. 또한 그러한 가치관은 자기 변형뿐만 아니라 객관적 상황을 떠나지 않고 공동으로 참여하는 사회 개혁을 도모하는 것이다. 동학은 역사의 생성 변화에 적극적으로 관심을 가질 수밖에 없었다.

21 위의 책, 15「開闢運數」, 332쪽.

22 孫秉熙,「聖凡說」, 1『無體法經』, 481쪽.

6

때[時]와 개벽(開闢)

역사의 변화 법칙과 새로운 세상으로의 생성에 대한 관심은 '때[時]'와 '개벽(開闢)'이라는 개념에 집약되어 있다. 이 개념은 일종의 동학적 역사철학을 형성한다. 역사는 궁극적 삶의 의미가 현실화되어야 하는 시간적 영역이다. 삶의 궁극적 의미는 최제우의 종교적 근본 경험에서 현시되었고, 이 시점부터 조선 후기라는 난세는 삶의 의미를 실현해 가는 상승 과정에 진입한다. 이러한 관점에서 동학은 역사의 향방에 지대한 관심을 가지면서, 그 역사에 삶의 희망을 걸 수 있었다. 삶의 의미는 이제 역사적 의미를 갖게 되었다.

우주와 개체들에 대한 최시형의 현존 경험은 그의 스승의 의미세계를 새로이 '반복적으로 회복'하는 것이었다. 그는 스승이 인식한 진리를 후천(後天)개벽의 시대—결정적 시점(1860)에서부터 5만 년 동안—를 전개하는 '근본 원리'로 이해한다. 이런 의미에서 그는 스승을 개벽의 시조를 상징하는 천황씨(天皇氏)로 부른다. 최시형에 의하면 자신들의 '도'는 "천황씨의 본심(本心)을 회복(回

復)"한 것이다.[1] 회복은 『주역(周易)』의 이치에 따라 "지난 것이 되돌아오게 되는 법칙[無往不復之理]"에 의한 것이다.[2] 그의 스승 역시 "현재 순간에 천령이 강림한 것[只今天靈이 降臨]"을 "무왕불복의 이치를 받은 것"으로 해석한다.[3] 이것은 자신의 시대에는 쇠(衰)해 버린 선천(先天)시대(5만 년 전에 시작한 역사)의 생명력을 다시 회복했다는 의미이다. 최시형도 스승의 현존 경험을 우주의 "창조적 생성의 근본[造化之根本]"을 '시창(始創)'한 것으로 파악했다.[4] 5만 년 전에 창조적 형성의 힘이 시작하여 성장하다가 최제우의 시점에까지 그 생기는 쇠퇴하였다는 것이다. 그리고 최제우의 대각의 시점이 새로운 창조적 형성의 힘이 시작되는 때이다. 성쇠 순환하는 역사적 때[時]의 법칙과 우주적 생명원리[道]의 시간적 운명은 일치한다. "이 시대의 운수는 천지개벽 초의 대운을 회복하는[斯世之運, 天地開闢初之大運回復]" '잉태(胞胎)'의 과정에 있다. '개벽의 운수'와 새로운 시대의 진실인 '개벽의 원리(開闢之理)'는 회복의 과정에서 만난다.[5] 객관적인 역사의 행로와 존재를 생명의 전개로 보는 새로운 삶의 방식의 성장이 하나의 과정으로 결합한다.

그러나 최시형과 후세 동학교도들이 주목한 것은 5만 년 주기의 순환 법칙이 아니라, 최제우에게 결정적 시점에서 일어난 새로운 정

1 李敦化, 『天道教創建史』, 117쪽.

2 『周易』, 「復卦」, 彖傳, "그 도를 반복하여[反復其道]" "천지의 마음을 본다[見天地之心]." 李敦化, 위의 책, 53쪽.

3 위의 책, 53쪽.

4 崔時亨, 『天道教經典』, 13 「天道와 儒佛仙」, 320쪽.

5 위의 책, 15 「開闢運數」, 323쪽.

신적 의미를 반복함으로써 새로움을 창조하는 것이다. 회복하는 반복은 우주를 새로운 방식으로 경험하는 것, 새로운 주체성이 되는 것, 사회적 관계를 새로이 맺는 것이다. 그것은 "새 한울 새 땅에 사람과 사물이 또한 새로워지는 것이다[新乎天, 新乎地, 人與物亦新乎矣]."[6] 이러한 관점에서 '새로운'이라는 술어는 동학사상사에서 자주 쓰이는 용어가 되었다. 최시형에 의하면 새로운 양식의 인륜을 사는 방식은 생명에 가장 밀접되어 있고 그것의 발현을 기뻐하는 어린이가 되는 것이다. 그러한 인격은 '말과 글'에 익숙한 그래서 권력에도 익숙한 어른이 아니다. 진정한 인격은 "먼저 마음 가득히 즐거운[滿心快哉] 후에 희열과 감격으로 생명의 창조성에 마음을 확정[造化定]"한다.[7] 본원의 생명원리는 '쾌활의 원리[快然之理]'이며, 이것을 직관한 인격은 "문득 젖먹이의 적자지심을 회복한다[悦然復赤子之心]." 이것은 또한 '성철의 영역[聖哲之域]'에 도달한 것이다.[8] 기존의 사회적 관계가 특권과 배제라는 슬픔의 원리에 따라 백성이 생존에 잡혀 있는 민중[生民]이었다면, 이제 민중은 상호 긍정에서 오는 쾌활성을 향유하는 관계 속에서 살게 될 것이다. 이러한 생명 긍정의 관계가 병들어 고통스러운 관계를 치유하는 가장 본질적인 관계이다.

새로운 주체성의 창조와 일반화[布德]에 의해 새로운 세계는 도래할 것이다. '도'는 "미래의 도(未來之道)"이다.[9] 그러나 '아직' 완성

6 崔時亨, 앞의 책, 15「開闢運數」, 323쪽.

7 李敦化, 앞의 책, 99쪽.

8 崔時亨, 위의 책, 3「道訣」, 258-9쪽.

되지 않은 미래의 도는 '이미' 최제우가 경험한 결정적 순간에 일어났으며, 최시형의 '현재 시[現時]'에서 전개되려 하고 있다. 이런 계승의 의미에서 최시형은 자신의 현재와 스승의 생애를 모두 동시대의 현재 시로 생각하고 "현재를 후천시대가 개벽하는 시대[現時가 後天開闢임]"로 파악한다.[10] 그리고 선천시대는 정신이 쇠해 가고 물질문명의 발달이 완성되어 가는 시대였다.

> 선천은 물질개벽이요 후천은 인심개벽(人心開闢)이니, 장래 물질발명이 그 극에 달하고 여러가지 하는 일이 이전에 없던 발달을 성취할 것이니, 이때에 있어 도심(道心)은 더욱 쇠약해지고 인심은 더욱 위태로워질 것이다. …… (그러나) 일대 개벽의 운이 회복되었으니, 그러므로 우리 도를 천하에 포덕하여 창생을 널리 구원하는 것[布德天下, 廣濟蒼生]은 한울의 명(命)하신 바이다.[11]

물질문명의 방향은 통상과 '교역'에 의해 세상을 세계화할 것이다. 그러나 물질문명은 도심(道心)을 쇠약하게 함으로써, 인류는 정신의 본질적 속성인 우주적 연대성을 상실해 간다. 이처럼 동학은 초기부터 문명사의 본성과 그 방향에 큰 관심을 갖고 있었다. 그러나 그 문명사의 전개는 발전하면 할수록 위기에 봉착하고, 이 위기는 인심의 위기로 된다는 것이다. 그리고 인심의 위기는 새로운 세

9 위의 책, 261쪽.

10 위의 책, 37「其他」, 417쪽.

11 위의 책, 417-8쪽.

상을 여는 후천개벽의 시대를 알리는 상징적 부호로 나타난다.

문명사의 물질적 팽창의 방향을 근대화로 생각한 천도교도 이용구(李容九, 1868~1912)[12]는 '개방'과 '통상' 시대에서의 동학의 이해관계를 최시형에게 묻는다. 그러나 최시형의 대답에 의하면, "우리 '도'의 운수는 세계와 함께 돌아가는 것[與世同歸]이니 우리 '도'도 이 운세를 당하여 일변해야 번영할 것"이지만, "곧 세계에 드날리게 될[布揚於世界] 우리 '도'는 외국 병마가 아국 강토에 몰려들어 쟁탈하는" 운을 만나게 된다. 그러나 이때에 중요한 것은 " '도'를 드러내는 것[顯道]" 즉 "우리 '도'의 주의(主義, 名義)"를 드날리는 것이다.[13] 이어서 손병희가 제국주의와의 전쟁에서 우리가 어떻게 승리할 수 있는가를 묻는다. 최시형은 전쟁 중에 '계책전[策戰]'이 중요함을 언급하고 다음과 같이 답한다: "서양의 무기는 세상 사람이 대적할 수 없는 것이나 살인 기계[殺人器]라고 하는 것이요, '도'와 '덕'은 사람을 살리는 기틀[活人機]이니 그대들은 이때를 당하여 지극정성으로 '도'를 닦는 것[修道]이 옳다."[14]

이 문답에서 이용구는 근대화의 정신적 위기의 문제를 의식하지 못하며, 근대화의 동력을 선진국의 지도력에 의존해야 한다는 근대화 식민지론적인 생각을 하고 있다. 그러나 최시형은 문명 발달의 운과 함께하여 번영하는 길은 인정하지만, 제국주의의 군사적 침략

12 그는 세계화를 인생관으로 삼게 되고 결국 제국주의에 편승하여 일진회를 조직하고 동학을 시천교(侍天敎)로 바꾸는 등 친일 활동을 하게 된다. 이하의 문답은 갑오혁명(1894)에서 최시형의 죽음(1898) 이전 사이에 있었던 것으로 생각된다.

13 崔時亨, 앞의 책, 34 「吾道之運」, 393쪽.

14 위의 책, 394-5쪽.

과 근대화가 맞물려 있음을 의식한다. 이러한 상황에서 최시형과 손병희는 혁명전쟁의 불가피성을 예감한다. 또한 서양 문물 가운데 가장 무서운 것은 살인 기계이다. 근대 아시아에서 유행한 사회진화론적 부국 강병론은 근대화와 살인 기계의 발달을 적극 수용했다. 이에 반해 최시형은 정신적 '도'가 "사람을 살리는 기틀[活人機]"이라고 본다. 이 '활인기'라는 정신주의가 제국주의 침략과 근대화의 문제점을 극복할 수 있게 하는 제일의적 길이다.

이러한 문답에서 볼 때, 최시형의 사상은 실로 마음의 힘을 진정한 삶의 제일차적 원리로 보는 심학적(心學的) 철학임을 알 수 있다. 또한 그것은 역사적 세계와의 갈등과 긴장을 놓지 않는 역사철학적 정치의식을 필수 부분으로 갖고 있는 것이었다. 내적 진실을 바탕[體]으로 외적 활동[用]을 통해 세상을 변형한다는 최시형의 이학적(理學的) 구도는 근대적 상황이 주는 시대의 문제들을 담아내는 동학적 구도가 되었다. 그에 의하면 근본 원리[道]는 그것을 이해하는 자로 하여금 생명을 긍정하고 생기(生機)를 자신 안에 체현하게 한다. 그것은 형이상의 심층적 '현기진리(玄機眞理: 현묘한 기틀로서의 진리)'이다.[15] 이 진리를 "본체로 하여 그것의 발용을 구체적 현실계에 구현하는 것[體用合一]"이 인생의 진로이다.

체용합일적 인생관이 지향하는 미래의 '신세계(新世界, 손병희)'는 정신과 물질이 종합된 '도덕문명의 세계(道德文明之世界)'이다.[16] 그러므로 최시형의 '도'는 기존의 세상과 함께 가는 '여세동

15 위의 책, 30 「明心修德」, 378쪽.

귀(與世同歸)' 만도 아니며, 그렇다고 해서 초월의 영역으로 가서 돌아오지 않는(往而不復) 것도 아니다. 그것은 만유에 내재하는 천도(天道)의 연속적 약동성에 근거한 마음을 본체로 하여, 생기로운 연대성을 창조해 가는 길이다. 이러한 방식의 생활이 우주의 약동적 생성이라는 하나의 원리로 돌아간다는 '동귀일리(同歸一理)', '동귀일체(同歸一體)'의 길이다.[17] 최시형에게는 이 길이 "세계 인민의 정신을 환기(喚起世界人民之精神)"하는 '광휘'였다.[18] 조선 후기 버림받은 민중 속에서 우주적 개방성에 기초한 정신을 새로운 삶의 양식의 근본 원리로 드러낸 것이 그가 역사 속에 나타난 의미였다. 그는 그러한 삶의 양식을 역사 속에서 필연적으로 나타난 '무극대도'의 역운(歷運)으로 이해했다. 그러므로 그는 요구한다. "무궁(無窮)의 진리(무제약의 진리)를 투시(透, 통찰)하여 무극(無極)의 대운명에 참여하라."[19]

이 운명에 동참하는 결단의 시간이 현재의 때[時]이다. 그러나 신세계의 완성은 인간의 참여적 실천에 의해 도래한다. 이러한 문맥에서 최시형은 '도'는 "미래를 표준으로 한다[未來를 表準]"고 한다. 그리고 '도'는 인간이 "현재의 때를 활용[用時用活]하여" 형통하게

---

16 최시형, 앞의 책, 12「聖人之德化」, 316쪽. 기존의 많은 연구는 천편일률적으로 동학을 신본주의에 반대되는 인본주의(개체의 인권과 기술문명을 긍정)로 규정해 왔다. 그러나 이 규정은 무한자를 본체로 하는 동학의 우주 중심주의적 성격을 간과한 것이다. 우주 중심성을 바탕으로 '동학적 네오휴머니즘'을 말하는 것이 더 적절하다(오문환, 『해월 최시형의 정치사상』, 모시는사람들, 2003, 184쪽).

17 崔濟愚, 『天道教經典』, 「歎道儒心急」 84쪽; 「교훈가」, 126쪽.

18 崔時亨, 위의 책, 34「吾道之運」, 392쪽.

19 李敦化, 앞의 책, 144쪽.

된다.[20] 구체적 실천은 미래를 바라보는 현재의 시점에서 일어난다. 최시형은 이러한 시간 관념을 명심하기 위해 자신의 이름을 경상(慶翔)에서 시형(時亨: 때의 형통)으로 바꾼다(1876). 그의 시간관은 역사적 상황 속에서 나타난 진리와 진리의 구체적 실현이라는 맥락에서 생각된 것이다. 따라서 그가 말하는 시간은 추상화된 형식이 아니라 전통적 사고방식처럼 구체적 사물에 대한 표상과 분리되어 있지 않다. 시간은 달의 주기나 생물의 활동 주기, 왕조의 변화처럼 '차고 비며[盈虧, 盈虛]' '왕성하고 쇠퇴한다[盛衰].' 시간은 천체들의 주기처럼 측정할 수는 있으나 측정된 시간은 구체적 형상을 가진 물체들이 진행하는 지속의 길이이다. 그것은 '사건들의 흐름'과 분리되지 않는 구체적 시간이다.[21]

이러한 구체적 시간관에서는 측정의 단위를 정지된 순간으로 잘게 미분하거나 이 순간들을 실로 꿰듯이 추상적으로 종합함으로써 얻어지는 직선적 시간은 중요하지 않다. 기하학적 점들의 연속으로 되어 있는 수학적 연속성은 불연속적 단위로 임의로 분할할 수 있는 추상적인 것이다. 그것은 실재적 시간이라기보다는 흐름의 성격이 추상된 공간적인 것이다. 또한 약동불식이라는 부단한 구체적 지속을 실재로 보는 전통적 시간관에 익숙한 최시형에게는 인도인이나

---

20 崔時亨, 위의 책, 20「用時用活」, 353쪽.

21 Thorlief Boman, 허혁 옮김, 『히브리적 사유와 그리스적 사유의 비교(*Das hebraische Denken im Vergleich mit dem griechischen*)』(1968; 분도출판, 1975, 165-93쪽). 여기서 보만은 초감성적 영역에서 영원성을 찾는 그리스의 추상적이고 공간적인 사유와 시간의 구체적 내용이나 사건을 중시하는 히브리적 사유를 대비시킨다.

그리스의 제논(Zenon)이 생각한 연장 없는 점과 같은 순간 개념이나 이 정지된 순간들의 연속체와 같은 수학적 관념들은 낯선 것이었다. 그러한 관념들은 서양 근대과학을 지배한 유클리드-뉴턴 시공간 좌표에 익숙한 사고방식에나 친근한 것이다. 기하학적 점이나 선, 미분과 적분 같은 수학적 관념은 근대과학의 발전과 함께한 산업화의 과정에서 광범위하게 유포된다.

최시형의 구체적 시간관에서 엿볼 수 있는 순간 개념도 수학적인 것이 아니다. 그것은 무한한 영원성이 구체적인 장소와 짧은 지속의 길이를 갖는 어느 때에 별안간 갑자기 현존하게 되는 질적 순간이다.[22] 이것은 깨달음이라는 근본 경험이 일어나는 결정적 사건의 순간이다. 이 사건은 영원의 한울[天]이 "인간의 마음에 있게 되고[在於心]" "인간의 마음이 한울에 있게 되는[在於天]" 상호 내재의 경험이다. 영원자가 자기를 표현하고 인간이 거기에 참여하는 사건에서 "한울과 마음은 본래 두 가지의 것이 아니며, 마음과 한울은 서로 합치하게 된다[天與心, 本無二物, 心天相合]." 이런 의미에서 "인간이 한울이고 한울이 인간이니 인간의 밖에 한울이 없고 한울의 밖에 인간이 없다[人是天, 天是人. 人外無天, 天外無人]."[23] 이러

---

22 崔時亨, 앞의 책, 4 「天地人. 鬼神. 陰陽」, 268-9쪽.

23 플라톤은 수학적 '순간(exaiphnes)'과 현존 체험의 순간을 둘 다 언급하였다. 「Parmenides」(156 C-D)에서는 순간은 운동과 정지 사이에 있으며 어떤 시간 속에도 있지 않은 기묘한 것이라고 한다. 그것은 정지가 운동으로 운동이 정지로 되기 위해 서로 들어갔다가 나오게 되는 이상한 것이다. 이에 비해 「Symposium」(210 D-211 B), 「서한」 7(341 C D)의 '별안간(exaiphnes)'은 영원한 미, 영원한 선이 섬광처럼 영혼에 직관되는 순간이다. 별안간이라는 의미의 순간 개념은 현존 경험

한 최시형의 관념은 이돈화에 의해 인내천(人乃天: 인간이 한울이다)으로 정리된다. '인내천'은 자연과 인간의 동일성과 상호 귀속성을 의미한다. 그것은 약동불식하는 실재와 이것을 심원한 느낌 속에서 경험하는 소통적 합일 관계에 최상의 우선성을 부여한다. 인간의 외부에 우주 없고, 우주의 외부에 인간 없다.

우주와 인간의 상호소통적 관계는 기존의 주객 대립적 삶의 태도와는 전혀 다른 종류의 삶을 알려 준다. 기존의 삶의 방식에 종언을 고하고 새로운 삶의 형태를 제시하는 우주와 인간의 소통적 경험이 먼저 최제우에게 한순간 일어났다. 이 사건의 순간이 최시형에게는 역사의 의미를 다시 보게 하는 새로운 출발점이자 '중심점'이 된다. 이 중심점이 역사를 선천과 후천으로 양분하는 기점[布德 0년]이다. 그리고 후천개벽의 완성 과정은 그 기점이 갖는 의미를 반복적으로 회복하려는 '동시대'인들의 미래지향적 활동에 의해 전개된다. 또한 개벽의 전개는 한울의 명령적 역운에 동참하는 것이다. 그러므로 동시대는 우주와 인간의 상합(相合)에 기초한 미래의 새로운 세상이 다가오는 이끌림에 부응하여 일어나는 활동[動]의 시대이다. 이 시대가 새로운 활동 양식이 일어나는 현재이며, 현재의 활동은 "대운을 함께 성취해 가는 터전[共成大運之地]"이 된다.[24] 현재의 활동은 미래의 '한울나라[天國]'로 다가가는 시점들이 '찰[滿]' 때를 기다리고, 동시에 그 시점들을 창조적으로 채워 가는 것이다. 희망

을 기술하는 어휘로 스콜라철학에 전승된다. 모든 종교적 신비 체험에도 적용될 수 있다.

24 崔時亨, 위의 책, 3「道訣」, 264쪽.

과 행동은 일치하며, 이 일치에서 천국이 도래하는 때가 채워져 간다. 미래의 천국은 시간을 벗어난 무시간의 초월적 영역에 있는 것이 아니다. 그것은 '공간적 내세'가 아니라, 시간의 성숙을 통해 역사가 완성되는 미래의 어느 시점인 '시간적 내세'이다.[25]

그러나 현재에서의 창조적 활동은 우주의 무한한 생성의 과정과 내면적으로 접촉하는 마음의 주체적 조건을 바탕으로 한다. 이 바탕이 '비워지고 자유로워진[虛靈]' 마음이다. 자유의 마음인 "'허'의 상태가 능히 운동의 '기'를 낳는다[虛能生氣]." 이 생기로운 자발적 활동의 '기'를 타고 관서(寬恕)와 공경[敬]과 같은 윤리적 원리[理]가 실현된다. "허무의 상태가 능히 '이(理)'를 낳는다[無能生理]."[26] 현재에서의 활동이란 마음이 내적 수렴을 통해 접하게 되는 무극대도의 생기가 분출하는 과정을 나의 내적 본성이 실현되는 것처럼 표출하는 것이다. 이러한 생기의 표현으로서의 행동은 그렇게 행동하지 않을 수 없는 내적 필연성에 따라 하는 것이다. 이러한 인간의 행동에 의해 무극대도의 영원성이 현재에서의 마음의 활력을 통해 나타난다. 이처럼 동학적 삶이란 영원성을 역사와 인간의 생활에 개입시킨다.

포덕 0년이라는 역사의 결정적 중심점에 이르기까지의 역사는 물질문명과 권세의 압력에 신음하는 시간이었다. 그러나 이제 후천개

---

25 崔濟愚에게는 미래의 인간은 지상신선(地上神仙)이다. 이돈화는 최제우의 미래 이상을 천국으로 해석하고 그것을 시간 안에 위치시킨다. 李敦化, 『水雲心法講義』, 천도교중앙총부, 1925, 100쪽.

26 崔時亨, 앞의 책, 5 「虛와 實」, 271쪽.

벽의 새로운 역사는 시간의 억압을 지탱하는 영원성이 시간을 진정한 생의 시간으로 다시 형성해 간다. 진부한 생활양식이 반복되는 것이 아니라 0년에서 민중적 성인에 의해 경험된 진리가 반복[復]되는 것이다. 이 반복은 생의 회복이며, 과거에 있었던 중심점을 회상하는 반복이자 시간의 억압을 치유하는 미래적 삶을 향한 회복이다. 그러므로 진정한 시간은 영원성에 접하여 자유로워지고 가벼워진 시간이다.

이와 같은 시간관은 대부분의 종교나 종교적 형이상학에서 유사하게 나타나는 현상이라고 할 수 있다. 종말론적 희망이 보다 극적으로 강화되어 있는 신약성서의 시간관에서도 사도들의 입장에서 본 과거의 중심점(그리스도의 탄생과 생애 및 죽음과 부활이라는 구속사적 사건)이 있다. 오스카 쿨만(Oscar Cullmann)의 기독교적 시간관에 대한 연구에 의하면 "이미 발생했던 사건이 앞으로 일어날 그 사건에 대한 강한 보장"이다. 그리고 "미래에 대한 희망은 이제 과거에의 신앙으로 …… 지지받을 수 있다." 따라서 미래의 "대망이 구속사의 중심일 수 없으며", "그 중심은 역사적 예수가 그의 사명을 완수함으로써 성취된 승리의 사건이 차지하고 있다." 이 승리의 사건은 죽음과 세속 권력에 대한 승리이다. "그러므로 우리는 이미 그리스도를 통해서 구원받은 시대에 있고, …… 성령의 시대에 우리가 살고 있는 것이다." 이런 의미에서 그리스도의 구속사적 사건이 일어난 시점은 '결정적 시간(kairos)'이며, 현재(nun)의 시간은 그 빛에 의해 불완전하지만 완전한 시대로 전환된다.[27]

그러나 동학의 중심 사건에는 부활이 없다. 그리고 최제우의 대각이 부활처럼 유일회성(唯一回性)을 갖는 것도 아니다. 대각은 누구나 가능하다. 그리스도의 재림도 없다. 그러나 '이미' 드러난 진리의 빛의 조명에 의해 역사적 삶의 궁극적 의미가 환기되고 미래를 희망하는 공동의 실천으로 나아가게 된다는 동학의 시간관은 신약성서와 유사성을 갖는다. 그런데 쿨만이 요한복음을 중시하면서도 영원성의 내재를 언급하지 않은 것은 의아하다. 그는 기독교적 시간관이 직선적 선형 사관이라는 것에 대한 애착을 갖고 있는 것으로 보인다. 그것은 보만(Thorlief Boman)의 지적처럼 "성서적 시간 파악은 선적이고" "그리스적 시간 파악은 순환적이라는" 쿨만의 "언제나 잘못된 표현"에 기인한다.[28] 쿨만에 의하면 그리스인은 시간을 "원환으로 보고 있기 때문에 인간은 이 시간에 어쩔 수 없이 매여서 노예 생활을 하고 또 저주받은 삶의 경험을 해야 한다고 느끼는 것이다."[29] 따라서 그들의 구원은 "시간의 순환에서 해방"되는 것을 추구하는 "무시간적 신비주의"의 성격을 갖게 되었다는 것이다.[30]

그러나 영원한 창조주이자 유한한 피조물인 그리스도가 만유의 모든 것을 상징하고 함축(complicatio)하는 것이라면, 그리고 믿음이 시간적 과정에서 자신의 영광을 현시하는 보이지 않는 것의 실상이라면, 왜 초기 기독교가 영원한 신성의 내재를 느끼고 말할 수 없

27 Oscar Cullman, 채위 옮김, 『그리스도와 시간(*Christ and Time*)』(1951), 1974, 91-2쪽, 98.

28 Thorlief Boman, 허혁 옮김, 앞의 책, 192쪽.

29 Oscar Cullman, 채위 옮김, 앞의 책, 55쪽.

30 위의 책, 57쪽.

었겠는가? 또한 그리스인들도 다른 민족처럼 "차안에서 피안적이고 불가시적인 신의 계시를 파악"하고자 했다.[31] 그렇다면 "종말론과 피안 신앙은 서로 배타적인 그리스도교적 희망의 두 가지 형식이 아니라", 정당하고 필연적인 보충 관계에 있는 것이다. "성서는 다가오는 영광뿐만 아니라 피안적인 영광도 알고 있다."[32] 성서적 시간관도 초월적 영원성과의 내재적 관계를 통해 이해되어야 한다. 물론 기독교적인 피안적 영원성의 내재는 신 그 자체의 내재라기보다는 그리스도와 신의 성령(Spiritus)의 내재이다. 이 점에서는 그리스도의 임재와 죽음 이후의 성령의 임재라는 성서의 내재는 '조물자(造物者)'인 '무극대도' 자체의 내재성에 더 비중을 두는 동학의 '인내천주의(人乃天主義, 이돈화)'와는 대비된다.[33]

그런데 동학의 영원성에는 미묘한 양의성이 있다. 그것은 초월적이면서 내재적이다. 최시형에 의하면 "우리의 '도'는 무극에 본원하여 태극에 나타나니 천지상하에 뿌리를 내리고, 변화의 이치[理]는 혼원의 하나의 '기'에 잠기어 있다[吾道, 源於無極而顯於太極, 根着於天上地下, 理潛於渾元一氣]."[34] 여기서 '태극'이란 '무극'이 음·양의 두 기운으로 분화되어 조화의 관계에서 작용하는 이치[理]

---

31 쿨만이 내재의 문제를 배제하게 된 결정적 이유 가운데 하나는 성서의 영원(aion)을 무시간적 무한성이 아니라 시간의 무한성으로 보고 신을 끝없는 시간의 통치자인 하나의 극점으로 생각한 데 있는 것으로 보인다. 따라서 그는 시간과 영원의 관계를 중세의 사변신학으로 돌리고 성서의 신학을 직선적 시간을 전제한 역사적 신학으로 구성한다(Thorlief Boman, 앞의 책, 65-73쪽).

32 위의 책, 193쪽.

33 이돈화, 「新人哲學」, 천도교중앙총부, 1924, 53쪽.

34 崔時亨, 앞의 책, 13「天道와 儒佛仙」, 319쪽.

를 의미한다. 무극은 자신의 작용 법칙인 이 이치에 따라 자신을 표현하는 본원의 '기'이다. 이치는 '기'에 잠기어 활동하면서 하늘과 땅을 구성하고 그 안에 뿌리를 내리고 있다. 그러나 이러한 내재적 관계에도 불구하고 본원의 '기'인 '무극' 그 자체는 나타나기 이전의 영역에 있는 것처럼 말해지고 있다. 최제우는 "하늘과 땅, 음과 양이 갈라진 후에 무수한 만물이 화(化)해나서"라고 말한다.[35] 그는 또 본체적 존재를 "그림자를 비추는 태양[太陽流照影]"에 비유한다.[36] 태양은 자기동일적으로 머물면서 피조물의 시간적 변화 위에서 만유를 영원의 관점에서 조명하고 있다. 이 문맥에서의 영원성은 초월적 성격을 갖는다. 무극대도는 내재적이면서 초월적이다.

송대의 이학(理學)에는 피조된 만유가 주기적으로 형성과 파괴를 '무시무종(無始無終)'으로 거듭한다는 영원회귀설이 있다.[37] 우주는 129,600년을 주기로 형성과 파괴를 거듭한다. 형성기에는 생기가 창조적 역할을 하며, 파괴의 시기에는 우주는 혼돈의 상태로 돌아간다. 이와 마찬가지로 '순환의 이치[循環之理]'의 '전만고와 후만고(前萬古, 後萬古)'를 생각하는 최제우[38]의 견해에는 분명 생성계의 영원한 주기적 리듬에 대한 전통적 관념이 들어 있다. 이 문맥에서의 영원성은 생성의 영원성 즉 자연이 생성을 통해 영원히 존재한다는 의미의 내재적 성격을 갖는다. 궁극의 실재가 내재적이며

35 崔濟愚, 『天道教經典』, 「도덕가」, 215쪽.

36 위의 책, 「偶吟」, 97쪽.

37 야마다 케이지, 김석근 옮김, 「朱子의 自然學」, 통나무, 1991, 184-93쪽.

38 崔濟愚, 위의 책, 「용담유사」, 교훈가, 123쪽.

초월적이라는 관념이 전통 이학과 동학에 공존하고 있다.

이 점에서 이돈화는 스피노자적 개념을 활용하여 무극대도를 능산적(能産的) 자연으로, 삼라만상을 소산적(所産的) 자연으로 해석한다. 동학에는 분명 소산적 자연의 생성에서 능산적 본체의 영원성을 직관하려는 노력이 있다. 전통 이학에서도 만유의 본체적 통일성은 만유 안에서 작동하고 만유는 본체 안에 있다는 '만물일리(萬物一理, 程伊川)'[39]의 체계를 의식적으로 유지하려는 경향이 있다. 본체는 초월적이면서 내재적이다. 본체의 통일성[一性]은 필연적으로 그리고 본질적으로 자발적 운동인으로서의 생산의 능력을 갖는다. 본체가 존재한다는 것은 곧 자기 분화의 활력을 구현한다는 것이다. 이에 따라 본체의 무시간적 영원성은 내재적 시간의 무한성으로 현현한다. 초월적 영원성은 지금 여기에 모든 개체들의 생명 활동으로 내재하고 있다.

최제우의 현존 경험과 최시형의 개체 공경의 삶은 만유는 언제나 신성한 활력의 표현이었음을 직관한 결과였다. 최시형은 '진실성과 공경심과 종교심[誠敬信]'을 모든 사회적 활동의 윤리적 기초로 삼는다. 이것은 신성한 활력이 현재에 나타나 있음에 대한 직관에 근거를 둔 것이다. 심층적 생명 원리에 대한 이러한 투시적 직관에서 영원성을 삶의 토대로 삼게 된다. 이러한 삶이 역사 사회를 변형시켜 나가게 한다. 이 점에서 손병희는 동학적 세계관을 불교적 어휘로 해석할 수 있었다. 불가의 세간(世間)이라는 현실적 삶의 세계는

39 『二程遺書』 권 25.

우연한 만남에 의해 불행해지기도 하고 행복해지기도 하는 사건들의 그물 체계(因緣의 체계)이다. 그럼에도 이러한 현상계의 심층에서 작용하는 천도에 대한 출세간적(出世間的) 직관은 세계에 내재하는 영원에 대한 근본적 경험이다. 이 경험이 사회적 관계를 우주적 영원을 표현하는 활력으로 채울 것이다. 이 활력이 표출하는 능동성은 마음을 쾌활하게 한다. 이러한 쾌활성은 모든 존재에 대한 긍정적 화해의 정서이다. 그것은 생명에 대한 부정적 적대심을 알지 못한다. 적대의 기억을 가진 한(恨)은 억압의 심리적 생산물이다. 한에서 비롯하는 공포와 죽음이 가하는 두려움은 동학의 신비적 능동주의에는 더 이상 작용하지 못한다.

최시형의 사상과 인격이 보여 주는 신비주의적 직관과 능동적 실천성의 결합은 마음과 우주의 상합을 기초로, 내면과 외면의 합일을 창조해 나가는 삶의 양식을 삶의 모델로 제시했다. 진정한 내면적 주체성은 개체들의 근저에 성운처럼 편만해 있는 우주적 연속성에 대한 감응을 본질로 하는 인격이다. 감응이라는 정서적 파악이 마음을 좁은 시야에 정착시키지 않는 무주(無住)의 인격을 가능하게 한다. 감응과 자유의 인격은 만남에서 이루어지는 사건들의 연쇄를 부정적 대립이 아닌 긍정적이면서도 새로운 방식으로 엮어 나가려 한다. 영원성이 나타나 있는 현재에서 생의 약동을 경험한 인격은 사물과 인간 모두의 충동인 존재에 대한 포부를 역사 속에 실현하려 한다. 존재에의 포부를 긍정하는 것이 바람직한 생명 가치이다.

바로 이 생명 가치가 조선 후기에 버림받은 것이었고, 동학에 의해 다시 회복된 것이다. 이제 그것은 타자와의 새로운 관계 양식을 구성하는 새로운 사건을 창조하게 하는 원리가 되었다. 선천 시대의 전통 이학에서는 백성은 물(物)로 인식되고 취급되었다. 그리고 물질적 산업이 무섭게 발전한 선천 시대의 후반은 상공업의 지배로 백성은 가공할 전쟁과 참혹한 물화(物化)를 겪게 될 것이다. 이러한 물화는 사물로 인식되기 쉬운 인간의 신체가 사실은 자연과 인간을 형성한 하나의 생명 원리의 표현임을 망각한 데에서 온 것이다.

신체와 외부 자연은 본질적으로는 결코 권력과 산업의 수단인 객관적 사물이 아니다. 그것은 약동불식하는 심리적 실재의 현상적 표현이다. 심리적 속성과 물적 속성을 이원화하는 근대적 인간관은 인간에 관한 기술 공학주의적 관념에서 온 것이며, 그러한 인간관으로는 근대의 물화를 극복하는 대안적 가치를 제시할 수 없다. 인간의 정신적 본성이 드러나는 곳은 유용성을 무제한으로 추구하는 관점에서가 아니다. 그것은 인간의 마음이 자신의 관계의 폭을 공간적 시간적으로 확대하는 데에 있다. 정신은 우주적 연대성을 느끼는 포괄성과 개방성을 갖는 인격, 자연사의 시간적 흐름을 통관하는 무한과 영원의 관점을 체화한 인격에서 그 진정한 본질에 도달한다. 동학은 봉건적 방식과 근대적 방식의 물화에 대항하여 감응적 화(和)와 경(敬)의 소통성을 그 대안으로 제시한다.

동학의 대안적 가치관은 결코 지나친 낙관적 이상이 아니다. 그것은 내심에서 경험된 생명의 활력이 존재에 대한 포부를 가지고, 그리고 내적 필연성을 가지고 나타나는 것이기 때문이다. 바로 이러한 내적 필연성이 최시형으로 하여금 제국들의 세계사적 억압에 저항하게 했으며, 일상의 궁핍과 환난을 기쁘하게 만들었다. 동학혁명의 주모자로 체포되어 사형 선고를 받고 감옥에 있을 때, 최시형은 탈옥할 수 있었음에도 죽고자 하였다. 감옥에서 그의 최후의 유언은 "조금도 근심하지 말고 그저 잘들만 (大道를) 믿으시오"[40]였다. 그의 신념은 절대적 믿음이었으며, 반증 가능성을 가진 과학적 가설이 아니었다. 그것은 취소 가능한 학자적 신념이 아니라 억압적 고통에 저항하여 해방의 꿈을 선언하는 모든 종교적 선지자의 절대적 호소였다. '무서운' 권력과 '기쁜' 생명은 영원히 그 영광을 나누어 가질 수 없음을 그의 생애는 증언했다. 생애의 마지막에 지친 최시형의 몸은 후기 조선의 체제처럼 방향을 잃고 이리저리 쓰러지지만, 그의 기상(氣象)은 영원에 맞닿아 있었다. 동학혁명은 정치적 권력의 장악과 제도의 정립이라는 측면에서는 실패했다. 군사적 측면에서도 동학혁명의 무장력은 일본군과 관군의 신식 화력에 비하면, 보잘것없는 것이었다.

그러나 동학은 후기 조선 사회의 가렴주구와 제국주의 침략과 같은 대내외적 문제를 해결해야 하는 책임을 서민적 지성과 농민이 인수하여 일으킨 것이었다. 그리고 이러한 문제는 오늘에 이르기까지 자본주의적 형태로 계속되고 있으며, 그 해결의 길을 요구하고 있다. 기존의 주요 혁명사들은 비록 실패했을지라도, 대부분 해결할 수 없는 문제를 가지고 고민하는 것이 생의 이상적 진실에 도달하는 것임을 보여 준다. 그 혁명들에서 작용한 평등이라는 이상은 재물과 신분이 인간적 관계를 물적 관계나 세력 관계로 만드는 것을 변

40 一然, 「海月神師의 受刑 전후실기」, 『新人間』 7, 천도교 중앙총부, 1928, 9쪽.

형시키고자 하였다. 그것은 구체적 소유 관계를 균등하게 하는 것으로 나타났지만, 그러한 물질적 소망의 실현에서 그 작용이 그치는 것은 아니었다. 평등은 구체적 소유의 균등이 아니라, 모든 형태의 소유 관계는 인간의 정신적 자주성에서의 균등한 발전에 기초하지 않으면 노예화로 귀결될 것임을 환기시키는 것이다. 따라서 평등은 결코 정치 경제적 제도가 아니다. 그것은 제도를 변형하게 하는 초월적 이념이다.

동학혁명은 현대인이 보기에 지나친 종교적 관념성을 갖고 있는 것으로 보일 수 있다. 동학의 이상 사회는 신비주의적 철학이 갖는 영적 코뮤니즘의 성격을 다분히 갖고 있다. 그러나 그 관념성은 봉건적 제도와 그 이후의 현대적 제도까지도 넘어서는 평등 정신의 초월적 본성을 잘 보여 준다. 개체 속에 영적 본질인 성령(性靈)이 있다는 것은 개체의 절대성을 의미하며, 동시에 개체는 타자와의 우주적 소통 관계 속에 있다는 보편적 연대성을 의미한다. 이러한 정신적 가치들이 제도를 통해 나타나지 않는 한 인간의 삶은 불완전하고 불행하다.

마음의 개방성에 기초한 우주적 연대성을 깨닫는 기쁨의 삶은 폐쇄적 사회의 삶을 편협한 울타리 안에서 선악을 구분하는 비합리적 삶으로서 규정한다. 또한 이제까지 합리적이라고 주장되던 가치관이 모순을 갖고 있는 것으로 판단한다. 위계적 사회에는 권력의지의 기쁨이 있고 죄의식을 동반하는 복종의 슬픈 선이 있다. 그러나 선과 기쁨을 연결하는 윤리는 무서운 법칙이 주는 온갖 부정적 감정을 용해시키는 생명 긍정의 근본 경험에서 나온다. 마음의 개명(開明)

이라는 이 경험은 진정한 윤리의 원천이지만, 그 경험의 의미는 거의 대부분 시적 언어나 종교적 언어로만 묘사되어 왔다. 그 의미 세계는 명확한 객관적 정보가 아니므로 평균적 의미를 담고 있는 언어로 전달될 수 없다. 그러나 언어의 의미의 명확성이 증가할수록 의미는 빈곤해지는 법이며, 의미가 모호한 예술과 종교의 언어는 의미의 풍요와 심원함이라는 불투명한 아우라나 성운(星雲)을 배경으로 갖는다. 이 모호한 성운의 세계가 형이상학적 느낌을 동반하는 주체적 깨달음이라는 지혜의 차원이다. 그것은 형상화하는 능력이 뛰어난 사람에 의해 기술(記述)될 수 있지만 논증될 수는 없는 것이다.

이렇게 볼 때 이제까지 동학을 비롯한 대종교(大倧敎)와 근현대의 민중적 사상가들에 대한 철학계의 관심이 성리학과 실학에 비해 현저하게 미미하였던 것도 이해가 된다. 그러나 쇼펜하우어가 파악했듯이 동·서양의 위대한 철학 체계는 '실천적 신비주의'와 신비가들의 내면의 빛에 대한 경험에 뿌리를 두고 있다. 그에 의하면 실천적으로 "고결한 사람은 오직 그 행위를 통해, 위대한 통찰과 이론 철학의 힘든 연구 결과와 동일한 인식을 표현한다." "이론적 지혜는 이론들을 통해 더디게 목표에 이르지만, 도덕적 탁월성은 단숨에 도달한다."[41] 이 때문에 체계적인 철학에 대해 신비적인 근본 경험은 사유의 생명 원천이 되며, 그 경험과 언어들은 후세의 철학적 해명을 기다리는 것이다.

---

41 Athur Schopenhauer, 김미영 옮김, 『도덕의 기초에 관하여(*Über die Grundlage der Moral*)』(1840), 책세상, 2004, 239, 242쪽.

7

심령의 윤리와 영적 코뮤니즘

이 점에서 최시형의 선악을 넘어선 심령이 함의하고 있는 의미와 의의를 기술할 수 있을 것이다. 그의 윤리관은 그의 근본 경험이 갖는 우주적 소통성(疏通性)을 향유하는 이른바 낙천(樂天: 하늘을 즐거워함)의 경계(境界)에 연원한다. 이 경계에서의 느낌은 장자(莊子)의 표현으로는 천락(天樂: 하늘의 즐거움)이 될 것이다. 그러면 이러한 형이상학적 즐거움을 가능하게 하고 생의 궁극적 의미를 느끼게 하는 근본 경험의 구조적 의미는 무엇인가? 즐거움은 소극적 의미와 적극적 의미를 갖는다.

소극적 측면에서의 즐거움은 ① 기존의 위계적 사회가 개체에 대해 의식적 혹은 무의식적으로 가하는 위압적 압력으로부터의 자유를 내적으로 경험하는 방식이며, ② 주체가 자신 안에 내화되어 있는 억압적 심리 구조를 탈각하는 방식이다. 그것은 사회 전체가 누르는 힘과 주체의 권위주의적 심리 구조를 포함한 모든 심리적 고통이 가하는 중력을 벗어나는 탈출의 느낌이다. 그것은 주 · 객관적인 권력으로부터의 내적 해방의 느낌이다.

적극적 측면에서의 즐거움은 ① 인간적 개체와 인간 이외의 개체들의 존재에 대한 긍정의 느낌이다. 이 느낌은 만유가 천(天)의 자기표현이기에 모든 것이 신성한 자기 완전성을 보유한다는 것에 대한 강도 높은 각성의 효과이다. 이 효과가 존재에 대한 공경심(恭敬心)과 함께 존재에 대한 관인(寬仁)의 덕과 심정을 형성하게 한다. ② 존재에 대한 긍정은 천(天)의 자기표현 작용과의 공감이 주는 마음의 개방성에 근거한다. 이 개방성은 기존의 폐쇄적 마음과 대비해서 볼 때 마음의 본래성으로서 간주되며, 이 본래성이 진정한 주체성이 된다. 이 주체성은 우주의 자기표현의 운동과 연동(連動)하는 활력의 원천인 본연의 성품[本然之性]을 함축한다. 이러한 내면성이 갖는 능동성은 사물과 공감하는 화해성을 갖기에 존재의 긍정에 도달할 수 있는 동시에 자신을 포함한 모든 개체를 상호 침투적인 투명한 관계로 경험한다. 즐거움은 이러한 투명한 소통 관계가 주는 기쁨이다. 주체의 개방성은 자유이며, 그 영롱한 관계성은 평등한 소통성이다.

박종홍(朴鍾鴻)이 동학사상을 자유와 평등을 주장하는 민주주의로 파악한 형이상학적 근거는 바로 이러한 우주적 근본 경험이 갖는 구조적 의미에 있다. 이 구조적 의미가 최시형이라는 개성을 통해 역사 안에 나타났다. 세계와 자아의 개명적(開明的) 일치와 공명에서 지고의 선의 원천을 경험한다는 개명주의적 윤리관은 유가와 불가 및 도가를 포괄하는 동양 전통에서는 이미 익숙한 관념이었다. 이 관념에 의거해서 본다면 도덕법칙에 대한 의무에서 오는 도덕적 양심은 근원적 양심에서 분리되어 왜곡된 것이다. 인간에게는 보다 더 심층적인 느낌이 있는데, 그것은 우주와 분열되어 대립함에서 오는 심층적 불안이다. 분열에 대한 이 불안(不安)은 전체와의 파열 속에서 온갖 대상들과 투쟁하는 인간의 삶의 깊이 속에 놓여 있다. 전체와의 근원적 동일성의 체험은 바로 이러한 대립을 용해시킨 자유와 해방의 기쁨인 것이다. 동학의 최제우와 최시형은 그것을 스스로 체회(體會)하여, 민중 각 개인의 존재 의의를 우주적 연결 체계 속에 정초하고 그것에 역사적 의미를 부여했다. 함석헌(咸錫憲)의 어휘를 사용한다면 진정한 인간은 근대의 사법적인 계약적 권리를 가진 외면적 관계로 분열된 개인이 아니라 모든 제도적 가치를 초월하여 생명의 원천으로 환원된 그리고 가진 것 없는 민중성으로 환원된 '바닥사람'이다. 후천개벽의 시대는 모든 개체의 존재가 고유한 가치로서 긍정되는 인간 세계가 미래로부터 도래하는 새로운 시대이다. 근대는 물질문명의 가치를 포함한 민주적 가치와 형이상학적 생명 가치가 유일한 희망으로서 작용하는 시대로 전환되는 시대이다.

동학의 윤리설은 이러한 형이상학적 의미와 역사적 의미를 갖는다. 이러한 두 가지 의미를 결합하여 『천도교 사상(天道教思想)』은 흥미로운 해명을 하고 있다. 그것은 선악관이 인류의 역사적 시기마다 다른 형태로 발전해 왔다는 것이다. 이제까지는 씨족과 같은 자기 집단, 민족과 국가라는 폐쇄적 집단을 중심으로 하는 선악관이 지배적이었다면 더욱 나아간 발전 형태의 선악관은 '세계일가(世界一家) 우주일체(宇宙一體)의 개념'으로 판단하는 관점이라는 것이다. 이러한 관점에서 볼 때 과거 시대의 '타율적 윤리학'은 '권력설(權力說)'이었으며, 이것과 역운동하는 생명의 창조적 힘에 의해 윤리는 점차로 개체의 자유가 확대되어 가는 역사적 과정을 거쳐 '자율적 윤리학'으로 진화해 왔다.[1] 이러한 해석은 아마도 이돈화의 진화적 생명철학의 관점을 계승한 것으로 보인다. 그의 『신인철학(新人哲學)』에 의하면 사람의 자연스러운 본성인 '사람 性 자연'은 "씨족 시대, 부락 시대, 민족 시대, 국가 시대와 같은 정치적 형태 또는 노예 시대, 농노 시대, 자본주의 시대와 같은 경제 상태"의 진화를 경험해 왔다. '수운주의(水雲主義)'는 현대에 이르기까지의 모든 '시대의 모순'을 극복하고 '신시대를 창조'하게 하는 궁극의 이념이다. 그것은 "신시대에 필연적으로 필요한 생활 방식의 도안"이다. 따라서 그것은 "시대에 반항하는 불평(不平)의 철리(哲理)"이다.[2]

이러한 이돈화의 해석이 보여 주듯이 동학 철학은 극복과 저항을 결합시킨다. 그가 파악하듯이 수운주의가 보는 과거 역사는 물질적인 것을 둘러싼 투쟁이 비록 진화해 왔다 하더라도 폐쇄성과 억압성을 면치 못하는 선천(先天)의 역사이며, 새로운 후천의 역사는 생명 진화의 방향인 인간의 비밀스러운 진상이자 내밀한 본질인 성령(性靈)의 구체적 표현(表顯)이 지시하는 의미에 일치해 가는 과정이다. 우주와 인간을 그 속에서 이끌어 가는 천도(天道)는 인간을 통해 자신의 자유를 부단한 노력을 통해 실현해 간다. 현재의 인간 또한 부

---

1 김월해, 『천도교 사상』, 천도교중앙총부, 1983.

2 李敦化, 『新人哲學』, 천도교중앙총부, 1969, 115-7쪽.

단히 노력하는 성실성을 바탕으로 극복과 저항을 생활양식으로 해야 한다. 이런 의미에서 최시형은 말한다. “사계절이 차례가 있어 만물이 풍요롭게 무성하며, 주야가 뒤바뀌면서 태양과 달이 분명하고, 장구한 시간에 생명원리[理氣: 한울의 자기 질서에 따른 창조적 힘]는 변질되지 않는다. 이것이 우주의 지극히 성실한 휴식 없는 원리이다[四時有序, 萬物盛焉, 晝夜飜覆, 日月分明, 古今長遠, 理氣不變, 此天地至誠無息之道也].” 마찬가지로 후천(後天)을 맞이하는 신인간이 “순수하게 한결같은 마음으로 노력하는 휴식 없는 성실성으로써 우주의 원리와 운행을 함께 하면 비로소 그를 대성(大聖) 대인(大人)이라 할 수 있을 것이다[使此純一無息之誠, 與天地同道同運則,方可謂之大聖大人也].”[3]

생명 진화의 방향과 극복의 노력을 개체의 자유와 연대성의 이상과 연관시키는 생각은 함석헌에게도 나타난다. 함석헌에 의하면 “부족 시대, 봉건 시대, 민족 시대, 제국주의 시대, 개인주의 시대를 통해 자라는 동안 우리는 어떤 제도도 우리를 방해하는 죄악이라 느끼는 단계에 왔다.” 기존의 제도가 방해하는 것은 인간의 주체적 자유인바, 새 시대의 자유는 상공업에 바탕한 서양 시민사회가 성취한 ‘외면적 자유’가 아니라 사적 소유와 상품 및 제도에서 자유로운 ‘내면적 자유’이다. 현대의 역사적 현실과 인생의 의미는 내면적 자유를 지향하는 데에 있다. 부르주아 사회가 사적 이익의 조절을 위해 소수가 전체를 대표하는 대의제를 취하고 있지만, 이제는 전체가

---

3 崔時亨,「海月神師法說」,『天道敎經典』, 303-5쪽.

자유와 연대를 생각하는 시대가 되었다는 것이다. 사회 전체가 대표들을 이끌어가고 국가는 사회로 흡수된다. 학자와 관료의 알량한 생각은 민중 전체의 사유로 사라진다. 이러한 방향의 정신의 진화가 '정신혁명'이다. 심지어 '복지국가'와 같은 "황금신의 십계명을 깨버리지 않으면" 도래하는 이상인 '가나안'은 '안나가'가 될 것이다.[4]

함석헌의 이러한 정치적 비전 역시 생명 진화에 대한 '우주사적 비전'에 근거한다. 현대인은 '생존경쟁의 철학'을 버리고 '우주적 심정'에 근거한 '자유의 윤리'를 생각하기로 결단해야 하는 중대한 기로에 있다.[5] 자유의 윤리는 기존의 선악관을 넘어서 개체의 내적 본질인 우주 생명의 응축이자 투명한 영혼인 종자(씨알)로 환원해 들어가, 타인은 물론 만유와 연동하는 투명한 소통적 관계를 사유하는 새로운 삶의 방식에 있다. 이러한 삶의 방식은 영혼의 코뮤니즘(spiritual communism)이다. 동학의 정치적 비전 역시 이 방향에 놓여 있다.

또한 함석헌의 『저항의 철학』(1967), 『혁명의 철학』(1968), 『인간혁명』 등에서 보이는 바와 같이 그가 사용한 개념인 '창조적 다수'의 '우주 윤리'는 언제나 긴장과 저항을 주체적 덕으로 포함한다. 자유와 연대의 형이상학적 원리인 "씨알은 새로운 생명의 잠재적 가능성의 총체요 그루터기"이기 때문이다.[6] 잠재성은 주체의 내

4 咸錫憲, 「새 역사로의 도약」, 『함석헌전집』 9, 한길사, 1988, 310-1쪽; 「새 윤리」, 『함석헌선집』 2, 한길사, 1996, 383쪽.

5 위의 책.

적 성실성과 새로운 삶의 양식을 선택하는 결단 없이는 현실성을 갖지 못하고 자라나지 못한다. 우주 생명의 진화와 성장에는 순간순간 첨단에서의 망설임이 있기 때문이다. 함석헌은 이 순간의 끝에서 슬퍼하고 전율했다. 잠재성은 창조의 원천이자 위기를 창조한다. 그는 우주의 잠재성 즉 생명의 자발적 표현의 세계에 일치하는 우주적 심정의 기쁨을 어느 순간 경험하고는 그것에서 멀어지는 분열을 겪어야 했다. 진리는 언제나 부재함으로써 존재하여 그를 애타게 한다. 기쁨과 슬픔, 자부와 수치는 그의 노력이 갖는 운명적 역설이었다. 그가 좋아하는 표현대로 그는 '모순의 인간'이다.

그러나 다른 사람이 사색과 학습으로 나중에 도달하는 세계 지혜를 단번에 주파한 최시형에게는 잠재성과 그것의 표현인 삼라만상은 이미 생명의 세계로서 그리고 기쁨의 세계로서 향유되는 것이었다. 그의 내면의 성령은 자발적 표출의 힘을 신체적 행동으로 나타내는 활력을 지닌 것이었으며, 따라서 행동은 내적 필연성을 가지는 동시에 자발성으로서의 자유를 지니는 것이었다. 이런 의미에서 이돈화가 동학의 자유를 자유와 필연의 종합으로 해석한 것은 일리가 있다. 사유와 실천의 일치를 필연적으로 형성하게 하는 최시형의 내면은 섬세한 모순의 감정으로 상처받는 것이 아니라 생사여탈의 권한을 마음에 지닌 평화로운 중후함이 있다. 이러한 내적인 덕에서 나오는 그의 언어와 행동이 민중의 봉기와 함께했을 때 그것은 혁명이 되었다. 그리고 이 혁명이 가리켜 보이는 방향과 의미는 개

---

6 김경재, 「씨알사상 一考」, 『싸우는 평화주의자 함석헌』(전대열 편저), 276, 298쪽.

체의 신성함과 인류의 연대라는 개방성의 극한 즉 '지상의 천국'이다. 이것은 극한 개념이기에 언제나 제도적 현실을 불완전한 것으로서 판단하게 하고 넘어서게 하는 초월과 저항의 이념이 된다. 그것은 미래에서 다가오는 희망이다. 이 희망이 역사를 생성하게 하는 가능성의 원천이며, 폐쇄에서 개방으로 나아가는 생명 진화의 방향이다.

생명 진화의 방향은 폐쇄적 집단이 명령적 방식으로 개체에게 강요하는 법칙주의적 윤리로부터 인류 전체를 아우르는 개방적 인류애의 윤리로 나아간다. 그리고 이 개방적 윤리는 소수 성인들이라는 개체를 통하여 역사 안에 나타나서 역사의 의미이자 인생의 의미로서 폐쇄적 공동체에 주어지고, 이 공동체는 진정한 사랑과 자유로 환기된다. 이러한 진화의 운동이 동학의 대신사(大神師, 최제우)와 신사(神師, 최시형)를 통해 자각되었다. 개체의 자기 자각에서 개체의 궁극적 본질이 내부에 있으며[內有神靈], 이 본질이 자기 실현의 힘을 가지고 밖으로 작용하여 인간을 포함한 그 밖의 사물들을 주체로서 공경하는 가운데 변화시켜 나간다[外有氣化]. 동학의 윤리는 바로 성인적 인격의 심층적 지혜인 '자기 성명(自己性明)'의 자각과 실현에서 열려 보여진[啓示] 것이다. 이것이 바로 "자발적이고 자유로운 작용을 한다는 의미에서의 신령한 내적 본성이 세계에 출현했다[性靈出世]"는 의미이다. 세계에 나타난 세계 극복의 원리가 지시하는 윤리는 진부한 닫힌 도덕을 넘어선 선악의 저쪽에 있는 선이다.

선악의 피안인 '궁극의 선[至善]' 안에서는 '경천(敬天) 경인(敬

人) 경물(敬物)'이 실현되는 공경의 세계가 펼쳐진다. 공경이야말로 주희와 퇴계의 철학에서와 마찬가지로 개체적 자기 완성과 세계 실현의 실천적 기초이다. 그러므로 "사람사람이 마음을 공경하면 기혈[심신의 生氣]이 평안하고 조화롭게 되며, 사람사람이 타인을 공경하면 만민(萬民)이 와서 화합하고, 사람사람이 사물을 공경하면 만상(萬相)이 와서 자태를 드러낸다. 거룩하여라! 공경하고 공경할진저![人人敬心則 氣血泰和, 人人敬人則 萬民來會, 人人敬物則 萬相來儀, 偉哉, 敬之敬之也夫!]"[7] 각기 영성을 응축하고 있는 '각유성 각유형(各有性 各有形)'의 개체들이 맺는 소통적 관계가 우주 생명의 발현으로서의 존재론적 질서라면, 공경심은 이 존재 질서를 긍정하는 체험에서 나오는 가치 감정이다. 손병희에 의하면 존재 긍정의 경험은 각 개체를 '영성의 결정체[靈之結晶]'로 인식한다.[8] 이러한 경험은 인간의 잠재적 본성이 열리기 이전의 상태인 '근원소[原素]'가 열려 펼쳐진 '빛나는 거울[良鏡]'로 변형될 때 이루어진다. "본연의 성품이 닫히면 만유의 근원소가 되고, 본연의 성품이 열리면 만유의 빛나는 거울이 되니, 만유가 거울 속에 들어와 움직이고 활동할 수 있으면 이것이 마음이다. 마음은 신령한 활력이며, 신령한 활력은 생명의 힘의 작용 효과이다[性闔則 爲萬里萬事之原素, 性開則 爲萬里萬事之良鏡, 萬里萬事 入鏡中, 能運用曰 心, 心卽神, 神卽氣運所致也]."[9] 씨알로서의 근원소의 닫힘과 열림, 응축되어 있는

7 「海月神師法說」, 『天道教經典』, 305쪽.

8 孫秉熙, 「性靈出世說」, 『天道教經典』, 653쪽.

것의 은폐와 펼침은 공경심을 바탕으로 하는 자기 변형의 노력 여하에 달려 있다. 본성의 전개에 따라 마음은 '활발성(活潑性)'을 갖게 된다. 원래 이 활발성은 선가(禪家)의 자유의 쾌활성을 의미했으며, 왕양명(王陽明) 특히 왕심재(王心齋, 이름은 艮)와 같은 태주(泰州) 학파가 마음의 능동성을 의미하는 것으로 사용했던 개념이었다. 손병희는 바로 이러한 개념으로써 인간 본성의 활력을 살리고 이것을 구체적 행동의 주체적 바탕으로 삼고자 한 것이다.[10] 이런 의미에서 개방성의 윤리는 기쁨과 활발성으로써 기존의 선악 관념이 주는 심리적 억압을 치유하는 정신병리학적 의미를 갖는다고 할 수 있다. 동학 철학 자체가 자발적 표현의 철학이며, 자발적 표현이 분출되지 못하는 심령은 억울해서 병든 마음이기 때문이다.

인간 심리에 대한 임상학적 접근은 동학에서는 매우 중요한 것이다. 최제우는 자신의 시대를 총체적으로 '질병' 상태에 있는 것으로 진단했다. 개인들은 물론 역사적 사회 전체가 개벽되지 않으면 이 질병에서 헤어날 수 없다. 이 문맥에서 당(唐) 송(宋)대에 발달했던 도교 철학의 성명쌍수(性命雙修: 내적 본성과 신체적 에너지를 함께 양육하여 조화시킴)의 정신에 따라 '성신쌍전(性身雙全: 내적 본성과 신체의 동시 완성)'은 이돈화와 그 이후에까지 동학 인간론의 주요 원리가 되었다. 이러한 문맥에서 동학의 윤리는 이돈화가 강조하는 최제우의 '삼단사상(三段思想)'을 포함한다. 제일단은

9 孫秉熙, 1「性心辨」,『天道教經典』, 437쪽.

10 孫秉熙, 5「活動章」, 607-8쪽.

'보국'(輔國: 나라를 도움)으로서 '민족 개벽(民族開闢)'이다. 제이단은 '안민(安民)'으로서 '사회 개벽(社會開闢)'이다. 제삼단은 '세계에 덕을 펼쳐 민중을 널리 구제하는 것[布德天下 廣濟蒼生]'으로서 '지상 천국(地上天國)'이다. 민족 해방, 사회 해방, 세계 해방이라는 이러한 삼단을 성취해 가는 주체는 자기 해방으로서 '정신 개벽(精神開闢)'을 필요로 하며, 이러한 주체의 자기 혁신은 삼단의 해방을 통해 타인을 자발적 자기표현의 주체로 변하게 만든다.[11]

그러므로 자기표현의 주체는 심신의 활발한 쾌활성을 내적 바탕으로 하고 인류의 질병을 치유하는 해방적 투쟁을 해야 하는 것이다. 그리고 이 투쟁은 동학혁명이 소유를 위한 투쟁이 아니었듯이 '동물적' '소유 투쟁'이 아니며, '인간다운' '인간격(人間格)의 투쟁'이다. 이러한 방식의 실천을 이돈화는 '창조 투쟁(創造鬪爭)'이라 하였다. 이 지점에서 그는 동학의 개벽의 의미에 천도교적 인문주의 노선을 가미한다. 창조는 과학·종교·예술 등을 포함한 정신적 인간성의 실현이라는 인문주의적 인간 완성을 지향한다. 인간다운 실천은 "자본주의 문명이 그 분화구를 연, 인류의 호쟁적 본능"을 넘어선다. 인간의 투쟁적 본능은 질적 변형이 있어야 하는데, 이 변형의 방향은 "유물적 계급투쟁이 끝나는 날 다시 어떠한 출구를 찾아 나아갈까 하는 것이 문제인" 그러한 문제를 문제로 삼는다.[12] 진보적 문화운동에서 활로를 찾았던 당시의 천도교는 동학의 영적

11 李敦化, 『新人哲學』, 천도교중앙총부, 1925, 157-63쪽.

12 위의 책, 160쪽.

코뮤니즘의 문화적 적용에서 대신사와 신사의 혁명성을 유지하고자 했던 것이다.

이 혁명성은 시대의 특수한 상황에 따라 여러 방식으로 적용될 수 있는 것이지만, 그 근본 정신은 언제나 일정한 성공에 안주하도록 하지 않는다. 영적 코뮤니즘은 역사 내에서의 어떤 제도적 성취에도 만족하지 않는다. 이돈화는 이러한 윤리적 태도를 '성공불거'(成功不居: 공을 성취한 상황에 안주하지 않음)라고 했다. 이 때문에 동학적 신념의 소유자는 미래의 희망을 대망하는 시간 안에 살게 된다. 그는 우주의 생명과 인간의 본성이 통일적으로 완성되는 세상을 동경하며 또 실제로 그러했던 것이다. 이러한 시간성 안에서는 현실적인 것은 차라리 환상적이며, 미래의 환상적인 것이 현실적이다. 이것이 시간의 윤리, 개벽의 윤리인바, 이 윤리의 시간적 본성은 최제우의 「시문(詩文)」에 잘 나와 있다.

겨우 한 가닥 길을 얻어, 걸음걸음 험난한 길을 걸어가노라.

산 밖에 다시 산이 보이고, 물 밖에 또 물을 만나도다.

다행히 물 밖에 물을 건너고, 간신히 산 밖에 산을 넘어왔노라.

바야흐로 들 넓은 곳에 이르니, 비로소 대도가 있음을 깨달았도다.

안타까이 봄소식을 기다려도 봄빛은 마침내 오지를 않네.

봄빛을 좋아하지 않음이 아니나, 오지 아니하면 때가 아닌 탓이지.

비로소 올 만한 절기가 이르고 보면, 기다리지 아니해도 자연히 오리라.

봄바람이 불어간 밤에, 수많은 나무 일시에 알아차리리.

纔得一條路, 步步涉險難.
山外更見山, 水外又逢水.
幸渡水外水, 僅越山外山.
且到野廣處, 始覺有大道.
苦待春消息, 春光終不來.
非無春光好, 不來卽非時.
玆到當來節, 不待自然來.
春風吹去夜, 萬木一時知.[13]

현재의 험난을 넘어서게 하는 절대적 자유의 세계, 개체와 전체가 소통하여 우주 생명의 의미가 현현된 세계는 미래로부터 현재로 침투하여 인생을 미래로 일어나게 한다. 이러한 인생의 시간적 의미는 광야에서 더욱 절실히 다가온다. 봄의 빛과 바람으로 상징되는 우주 경계는 애타게 기다리는 열망의 초점이지만, 어느 날 그것이 은밀히 세상에 실현되는 그 '때'에는 세상이 그것을 알아차릴 것이다. 인간을 포함한 자연사의 존재 의미가 총체적 개벽에 있다는 것이 세상에 온전히 드러나는 날을 대망하는 동학적 삶의 양식은 일종의 존재론적 종말론이다. 구체적 시기가 명확히 주어지지 않으면서도 그 결정적 시점을 희망하고, 이 희망 안에서 자신과 사회의 자유를 위해 결단해야 하는 이 긴박성은 바로 존재의 의미로서의 개벽의 자유가 일으키는 열망 때문이다. 따라서 선악의 저쪽으로서의

13 崔濟愚, 「詩文」, 「東經大全」, 『天道教經典』, 천도교중앙총부, 86-8쪽.

자유의 윤리는 우주의 존재 의미에 대한 해독을 필수적 조건으로 갖는다. 존재와 가치는 분리되지 않는다. 만일 양자가 분열된다면 생은 사실로서의 역사, 사실로서의 자연이 가하는 압력과 지배를 받는 것을 자연스럽게 여길 것이며, 세계를 자신의 세계로서 향유하지 못할 것이다.

8

표현의 정치학

미래의 새로운 삶의 양식의 창조에 대한 관심과 열망은 표현의 철학으로서의 동학의 기본적 분위기이다. 이러한 분위기는 시간과 영원의 접합점을 깨닫는 개명의 순간이 주는 새로운 삶의 의미에 대한 종교적 동경에 의해 한결 고양된 것이었다. 그리고 이러한 고양된 심정은 시대에 대한 저항 의식과도 결합되어 있었다. 갑오동학혁명이 정부와 외세의 정치적 억압을 벗어나려는 정치적 자유와 양반계급의 착취를 일소하려는 경제적 자유 즉 정치 해방과 경제 해방을 시도했다는 것은 이미 이돈화에 의해 언급된 바 있다. 그는 동학혁명이 갖는 이러한 성격에서 계급의식의 문제를 거론하지 않을 수 없었다. 그의 『신인철학(新人哲學)』은 소유 투쟁의 성격을 갖는 계급투쟁을 보다 높은 인문주의적인 인간적 가치와 영적 가치로 승화시키는 관점에서 논하고 있다.[1] 그는 『수운심법강의(水雲心法講義)』

1 李敦化, 『新人哲學』, 1925, 157-61쪽.

에서 계급의식의 진정한 의미를 설명하는 가운데, 동학의 '교화'가 갖는 계급의식에서 '민중운동'이 가능했다고 한다.

그에 의하면 "계급의식이란 모든 계급의 대립으로부터 일어나는 사람의 감정"이다. 진정한 계급의식은 과거의 현인군자처럼 제도적 계급을 하늘이 정한 '천정(天定)의 운명'으로 여기는 것이 아니다. 그것은 단순히 "피지배계급이 자기네가 방금 어떠한 계급에 있는 것을 의식함"도 아니다. 진정한 계급의식은 "계급은 완전히 고정 불변하는 것을 의식하는 동시에 그것을 자기네의 손으로 고치지 아니하면 영원히 자기네의 행복을 도모치 못할 것을 아는 것" 또는 "계급이라는 것은 순전히 인위적으로 나온 것인 고로 고치면 당연히 그 재앙을 면할 소질을 가졌다는 것을 의식하는 의식이다." 계급의식은 '노예 상태'를 극복하려는 의식이다. 이러한 "의식을 주입한 본가가 갑오동학이다."[2] 그러나 이돈화에 의하면 "이 의식은 당초에 순수 혁명적 수단으로 들어간 것이 아니요, 종교적 새 인생관으로 들어가졌다." 왜냐하면 "인내천(人乃天)은 그 근본 의의에서 인류는 절대 평등"이기 때문이다.[3] 이러한 해석은 계급의식이 동학 철학의 본질적 요소는 아니지만 동학에 들어가는 한 계기일 수 있으며, '반동 세력'과 만나게 될 경우 동학은 계급의식을 고취할 수 있는 잠재성을 갖는다는 것을 의미한다. 역사가들의 평가와 같이 동학은 민중의 저항의식을 선취하여 민중성을 갖는 사상을 민중에게 고지

2 李敦化, 『水雲心法講義』, 천도교중앙총부, 1925, 138-40쪽.

3 위의 책.

한 것이며, 최시형에 의해 갑오혁명의 군사적 지도자들은 사상과 실천의 일관성을 갖게 된 것이다.

이러한 맥락에서 이돈화는 동학혁명이 갖는 세 가지 특성을 언급한다.

첫째, '동학혁명'은 "무지한 관리의 압박과 몽매한 정부의 존재를 전복키 위하여 정치적 개혁을 목적으로 일어난 운동"이다. 이것은 '정치혁명'이다.

둘째, '동학운동'은 "민중 대 양반, 민중 대 부자의 학살이 일어나게 된" '계급투쟁'이다.

셋째, "지상천국의 생활을 희망하고 그를 대번에 조성하려는 신념에서 그 활동의 세력이 더욱 커진 것이다." 이것은 '이상향의 건설'이다.[4]

여기서 이상향은 기존의 유물론의 통속적 표현대로 계급투쟁의 외피이거나 광포한 환상만은 아니다. 그것은 과학성이냐 환상이냐의 이분법에 습관된 계몽주의적 전통의 관점에서 볼 수만은 없다. 그것은 오히려 인류의 다차원적인 경험을 긍정하는 생철학적 관점과 앞서 언급한 존재론적 종말론의 관점에서만 제대로 이해되고 평가될 수 있다. 동학의 이상향은 개체의 개벽과 열려진 전체성과의 통일적 완성을 가리켜 보이는 종교적 열망의 세계이다. 이것이 적대적 계급투쟁의 상황에서건 평화적 문화운동의 상황에서건 어떤 상황과도 결합하여 민중적 개인들을 연대로 형성하여 고착된 역사

4 위의 책.

를 생성하게 하는 이념인 것이다. 이 이념이 역사가 개체에게 가하는 모든 압력을 극복하게 하는 세계 지혜의 동인이 된다. 또한 그것은 고정된 경험을 넘어가는 초월적 이념이다. 이러한 형이상의 이념은 최제우가 경험했듯이 생을 제도와 인습에 안주하지 못하게 하고 언제나 가능성에 살게 하는, 그래서 한없이 산 넘어 산으로 물러가게 하는 것이다. "대도가 밝게 드러나는 날[大道彰明의 時]"을 향한 희망 속에서 그 도가 현현하는[顯道] '때'를 묻자 최시형은 예언자적 사상가로서 답한다. "모든 산이 생명의 짓푸름으로 가득 변하고, 도로에 비단을 펼칠 정도로 문명이 개벽된 때이며, 모든 나라와 교역하는 때이다[萬山皆變黑하고, 路皆布錦之時也요 萬國과 交易之時也니라]."[5] 최시형이 보기에 선천시대의 물질 개벽은 후천시대에도 발전할 것이지만 인심을 위태롭게 할 것이다. 그러나 '경물(敬物)'의 정신에 따라 생명 긍정의 개방적 영성이 실현되는 '인심 개벽(人心開闢)'의 바탕 위에 물질 개벽이 전개되는 시점이 바로 희망의 그 때이다. 이 결정적 시간은 "만국의 병마가 아국 강토 내에 도래한 이후 물러가는 때이다."[6]

우주 '대생명'으로서의 진실은 "천지만물(天地萬物)을 융화상통(融和相通)"하게 하는 방식으로 표현(表顯)되어 있다. 그러나 본질적으로는 인간이 자신의 본연의 본성으로 회심할 수 있는가, 만유에 표현된 생명을 기쁨으로 향유할 수 있는가에 대한 물음을 진지하게

5 崔時亨, 「海月神師法說」, 『天道教經典』, 천도교중앙총부, 334쪽.
6 위의 책.

묻는 것이 선행 과제이다. 그리고 회심할 수 있고 기뻐할 수 있다면 전환의 기쁨은 생활양식으로 표현되어야 한다. 이 생활양식은 개체의 토대이자 연대성의 원리인 내적 '성령'의 자발적 표현이다. 새로운 생활양식의 창조는 개인과 공동체 위에 군림하는 국가를 공동체 안으로 용해시키며, 개인의 원자화라는 고립과 사회 내의 계급 분열이라는 폐쇄적 관계를 융화상통의 개방적 관계로 해체하는 정치적 의미를 갖는다.

표현의 정치학은 개인주의를 전제한 자유주의 법률 체계와 부르주아 시민계급의 생활방식을 넘어서며, 프롤레타리아계급의 지배도 넘어선다. 그것은 소유 투쟁과 계급투쟁을 넘어선 저쪽인 영적 코뮤니즘의 인력에 추동되는 삶을 창조한다. 사법적 맥락에서 각 개인에게 부여된 권리 주체는 자연에 대해서는 물론 인간에 대한 생태론적 공경의 관계를 최상의 정치적 생활로 하는 생태론적 주체로 변형된다. 이러한 생활의 표현인 공동체라는 사회가 모든 폐쇄적인 억압적 제도를 변형하면서 이끌어 간다. 이런 의미에서 표현의 정치학은 하나의 생활양식이자, 인간이 인간에 대한 최상의 생태적 환경이 되는 철저한 민주주의이다.

그러나 이러한 근본적 민주주의도 공동체 구성원들의 자기반성을 통한 완성의 노력을 필수적 조건으로 갖는다. 이 노력은 자연의 존재 의미를 생명의 표현으로서 경험하고, 이 경험이 인간 본연의 본성을 구성하는 것임을 자각하는 과정이다. 이런 의미에서 인간의 내적 본성은 형이상의 초월적 내면으로만 후퇴하는 퇴행적인 정지의 삶을 추구하는 구실이 되는 것이 아니다. 그것은 심층의 바닥으로 내려가는 환원(還元)의 과정을 통해 바닥에서 나오는 생의 활력을 정치적 실천으로 표현하는 동태적 삶의 원리이다. 연금술적 환원의 과정은 인간 자신의 삶을 권력의 주체에서 생명 긍정의 주체로 재생하는 일종의 생의 기술(技術)이다. 그러므로 생의 기술은 권력세계를 자유와 상통의 세계로 전환하는 정치적 기술이기도 한 것이다.

표현의 정치학은 내면의 고요에서의 존재 의미의 체험과 신체적이고도 정치적인 활동의 통일을 본질적 구조로 갖는다. 이러한 구조는 사실상 동양 전통에서는 익숙한 것이었지만 최시형에 의해서 혁명으로 표현된 동학은 구체제의 몰락과 제국주의 시대를 당하여 그것을 창조적으로 적용했던 것이다. 이 지점에서 동학은 정치학의 새 지평을 열어 주는 사상을 전통적 언어에 담아 낼 수 있었다.

서양 근대의 자유주의 정치학과 사회주의 정치학을 민주주의라는 이름 아래 실제적으로 경험한 현대인은 그 두 가지 이데올로기가 주는 고통을 통해 또 다른 정치학적 가치관을 생각할 수밖에 없게 되었다. 자유주의는 신분의 불균등을 타파하고 국가의 헌법에 의해 추상적 인권을 보장했지만 제3신분인 부르주아계급의 추상적 자기 주장에서 나온 것이라는 태생적 한계를 벗어날 수 없었다. 추상적으로는 사회 내의 어느 누구도 다른 개인에게 명령할 수 없지만 실제적으로는 사회 내의 소유 계급은 명령할 수 있었으며, 사회 위에 군림하는 국가는 개인들의 권리와 의무를 규정하는 명령자로서 존재하는 것이었다. 인권이란 특정 신분에서 자유로운 개별화된 개인들 즉 시민의 권리로 선언된 것이지만, 현실의 계급 차별과 국가 권력에 제약된 추상적인 것에 불과한 것이다. 이러한 추상성은 하층민을 신분의 질곡에서 해방시킬 수는 있었으나, 법적으로 보장된 인권이란 정치 경제 권력의 문제를 추상하고 파편화된 개인들의 추상적 동등성을 전제하는 것이었다. 이러한 맥락에서 근대 계몽주의 철학은 산업 부르주아의 자기의식과 자존심을 만족시킬 수 있다.

표현의 정치학이 근대의 물질 개벽과 인간 존엄성을 주장한다 하더라도 이러한 자유주의와 혼동될 수는 없다. 동학의 물질 개벽은 자연에 대한 과학적 개발에 우선성을 부여하는 것이 아니라 '경물(敬物)'이라는 가치를 우선으로 하고 산업의 가치는 그 아래에 있다. 인간 존엄성은 이돈화가 예민하게 주목했듯이 개인들 상호간의 냉담한 개인주의를 '융화상통(融和相通)'의 연대성으로 혁신하려는 방향성을 갖는다. 개인들은 신분은 물론 재산에 의한 계급 분할된 질서에 종속되지 않는다. 그리고 무엇보다도 개인은 국가의 사법적 권위에 기대어 생존하는 시민이 아니다. 그는 국가에 기대지도 않고 국가 위의 신에도 기대지 않는다. 그는 오직 자신으로 돌아가 내면의 바닥에서 자신의 본래성과 우주적 생명원리의 동일성을 자각하며 동시에 인류와의 소통적 동일성을 자각하는 '새로운 인간[新人]'이다.

2
해월신사법설
海月神師法說

해월 최시형 법설은 손병희의 법설과 함께 1961년 『천도교경전(天道敎經典)』에 편입되었다. 이때 최제우의 『동경대전』과 『용담유사』는 '천종법경(天宗法經)'으로, 최시형의 법설은 '도종법경(道宗法經)'으로, 손병희의 법설은 '교종법경(敎宗法經)'으로 표기되었다. '천도교'라는 이름은 이 세 종사(宗師)의 법설, 천종, 도종, 교종의 앞 글자를 딴 것으로 생각된다. 관몰문서(官沒文書)에는 「동학내수도문(東學內修道文)」과 「동학이기대전(東學理氣大全)」이 해월법설로 되어 있는데, 후자는 해월의 가르침을 제자인 송암 손천민(松菴 孫天民)이 받아 쓰고 간혹 자신의 의견을 붙인 것이다. 「이기대전(理氣大典)」은 그 제목하에 많은 종류의 법설을 편제 없이 모았다. 현행 『천도교경전』(1991년)에 있는 해월법설은 37편으로 각 편마다 제목을 붙인 것이다. (해월법설에 대한 서지학적 연구는 윤석산, 「최시형법설의 기초문헌 연구」., 『해월 최시형의 사상과 갑진개화운동』, 모시는사람들, 2003에 상세히 되어 있다.) 이 책의 해월법설은 김용휘 선생(고려대, 한국철학)의 파일을 사용한 것이며, 사용을 허락해 준 것에 대해 감사를 드린다.

一. 천지이기(天地理氣)

1-1. 古語曰 天地一水塊也.

옛글에 이르기를 "천지는 한 물덩어리이니라."

1-2. 天地未判前 北極太陰一水而已矣.

한울과 땅이 시판되기 전은 북극태음 한 물일 뿐이니라.

1-3. 水者 萬物之祖也.

물이라는 것은 만물의 근원이니라.

1-4. 水有陰水陽水也. 人能見陽水不能見陰水也. 人之在於陰水中如魚之在於陽水中也. 人不見陰水 魚不見陽水也. 確徹大悟然後 能睹此玄妙之理也.

물에는 음수와 양수가 있느니라. 사람은 능히 양수는 보고 음수는 보지 못하느니라. 사람이 음수 속에서 사는 것이 고기가 양수 속에서 사는 것과 같으니라. 사람은 음수를 보지 못하고 고기는 양수를 보지 못하느니라. 크게 깨달아서 확실히 통한 후에야 현묘한 이치를 능히 알 수가 있느니라.

1-5. 何以爲日 何以爲月乎. 日陽之精也 月陰之精也.

무엇이 해가 되었으며 무엇이 달이 되었는가. 해는 양의 정이요 달은 음의 정이니라.

1-6. 曰「太陽 火之精 太陰 水之精 火亦出於水乎.」

묻기를 "태양은 불의 정이요 태음은 물의 정이니, 불도 또한 물에서 나왔습니까."

曰「然矣.」

대답하시기를 "그러하니라."

1-7. 曰「何爲其然也.」

묻기를 "어찌하여 그러합니까."

曰「天地一水而已 又況其間化出之二七火 奚獨不出於北極一水中乎故. 曰天地未判之前 北極太陰一水而已者此之謂也.」

대답하시기를 "한울과 땅도 한 물일 뿐인데, 하물며 그 사이에서 화출한 불이 어찌 홀로 북극 태음 한 물속에서 낳지 않았겠는가. 그러므로 한울과 땅이 시판되기 전은 북극 태음 한덩어리 물일 뿐이라고 하는 것은 이를 이름이니라."

1-8. 曰「何謂天開於子乎.」

묻기를 "어찌하여 한울이 자(子)에 열렸다고 합니까."

曰「卽北極一六水也故. 天一生水者也. 此曰天一生水 水生於天乎天生於水乎. 水生天 天反生水 互相變化 造化無窮也. 然而 陽屬之乾故 體乾健無息之理 有晝顯也冥之度 無晦望盈虛之數, 陰屬之坤故有晦望虧滿之度 與潮水往來相配相沖 婦人經道 亦體此理也.」

대답하시기를 "이것은 곧 북극 일륙수(一六水)이니라. 그러므로 한울이 하나로 물을 낳았다고 하느니라. 이것이 한울이 하나로 물을 낳았다고 이르는 것이니, 물이 한울에서 생하였는가, 한울이 물에서 생하였는가. 물이 한울을 낳고 한울이 도리어 물을 낳아서 서로 변하고 화하여 조화가 무궁하니라. 그러나 양은 건에 속했으므로 건이 굳세고 쉼이 없는 이치를 체로 하여, 낮에는 밝고 밤에는 어두운 도수가 있고 그믐과 보름에 찼다 비었다 하는 수는 없으며, 음은 곤에 속했으므로 그믐과 보름에 이지러졌다 가득찼다 하는 도수가 있어, 조수와 더불어 왕래하여 서로 짝하고 서로 화하는 것이니, 부인 경도도 또한 이 이치를 체로 한 것이니라."

1-9. 大凡 斯人 凝胎厥初 一點水而已. 至一月 其水形如露 至二月 其水形如箇珠 至三月以化工玄妙造化之手段 收母氏血氣 輸入胎門, 先成鼻目 次次成形 頭圓體天 象太陽之數 體魄象太陰 五臟象五行 六腑象六氣 四肢象四時 手掌卽從心所欲造化之手故 一掌之內 特排八門 九宮 太陰 太陽 四時 十二月之數而化生.

무릇 사람이 잉태할 처음에 한 점의 물뿐이요. 일개월이 되면 그 물의 형상이 이슬과 같고, 이개월이 되면 그 물의 형상이 한 알의 구슬과 같고, 삼개월이 되면 화공현묘 조화의 수단으로 어머님 혈기를 받되 태문으로 받아들이는데, 먼저 코와 눈을 이루고 차차 형상을 이루고, 머리가 둥근 것은 한울을 체로 하여 태양의 수를 상징하고, 몸의 넋은 태음의 수를 상징하고, 오장은 오행을 상징하고, 육부는 육기를 상징하고, 사지는 사시를 상징하고, 손은 곧 마음내키는 대로 하는바, 조화의 수단이므로 한 손바닥 안에 특별히 팔문, 구궁, 태음, 태양, 사시, 열두 달의 수를 늘어놓아 화생하느니라.

1-10. 或問曰「理氣二字 何者居先乎.」答曰「天地 陰陽 日月於千萬物化生之理 莫非一理氣造化也. 分而言之 氣者 天地 鬼神 造化 玄妙之總名 都是一氣也.」

어떤 이가 묻기를 "이치와 기운 두 글자에 어느 것이 먼저입니까." 대답하시기를 "천지, 음양, 일월, 천만물의 화생한 이치가 한 이치 기운의 조화 아님이 없는 것이니라. 나누어 말하면 기란 것은 천지 귀신 조화 현묘를 총칭한 이름이니 도시 한 기운이니라."

1-11. 又曰「化生天理 運動天氣 以理化生 以氣動止則 先理後氣 亦是當然 合言鬼神氣運造化都是一氣也 分言 鬼神難形難測 氣運剛健不息 造化 玄妙無爲 究其根本 一氣而已. 明辨初宣氣 理也 成形後運動氣也 氣則理也 何必分而二之. 氣者造化之元體根本也 理者造化之玄妙也 氣生理 理生氣 成天地之數 化萬物之理 以立天地大定數也.」

또 말씀하시기를 "화해 낳는 것은 한울 이치요 움직이는 것은 한울 기운이니, 이치로 화생하고 기운으로 동정하는 것인즉, 먼저 이치요 뒤에 기운이라고 해도 당연하나 합하여 말하면 귀신, 기운, 조화가 도시 한 기운이요, 나누어 말하면 귀신은 형상하기도 어렵고 헤아리기도 어려운 것이요, 기운은 굳세고 건실하여 쉬지 않는 것이요, 조화는 현묘하여 함이 없이 되는 것이니, 그 근본을 상고하면 한 기운뿐이니라. 밝게 분별하여 말하면 처음에 기운을 편 것은 이치요, 형상을 이룬 뒤에 움직이는 것은 기운이니, 기운은 곧 이치라 어찌 반드시 나누어서 둘이라 하겠는가. 기란 것은 조화의 원체 근본이요, 이치란 것은 조화의 현묘니, 기운이 이치를 낳고 이치가 기운을 낳아 천지의 수를 이루고 만물의 이치가 되어 천지 대정수를 세운 것이니라."

二. 천지부모(天地父母)

2-1. 天地卽父母 父母卽天地 天地父母一體也. 父母之胞胎 卽天地之胞胎 今人但知父母胞胎之理 不知天地之胞胎之理氣也.

천지는 곧 부모요 부모는 곧 천지니, 천지부모는 일체니라. 부모의 포태가 곧 천지의 포태니, 지금 사람들은 다만 부모 포태의 이치만 알고 천지 포태의 이치와 기운을 알지 못하느니라.

2-2. 天地盖載 非德而何也 日月照臨 非恩而何也 萬物化生 非天地理氣造化而何也.

한울과 땅이 덮고 실었으니 덕이 아니고 무엇이며, 해와 달이 비치었으니 은혜가 아니고 무엇이며, 만물이 화해 낳으니 천지 이기의 조화가 아니고 무엇인가.

2-3. 天地萬物之父母也故. 經曰「主者稱其尊而與父母同事者也」又曰「察其古今則 人事之所爲」「稱其尊而與父母同事者」前聖未發之事 水雲大先生主 始創之大道也. 非至德孰能知之. 不知天地其父母之理者 迄五萬年久矣 皆不知天地之父母則 億兆蒼生 孰能以孝養父母之道 敬奉天地乎.

천지는 만물의 아버지요 어머니이니라. 그러므로 경에 이르기를 "님이란 것은 존칭하여 부모와 더불어 같이 섬기는 것이라" 하시고, 또 말씀하시기를 "예와 이제를 살펴보면 인사의 할 바니라" 하셨으니, "존칭하여 부모와 더불어 같이 섬긴다"는 것은 옛 성인이 밝히지 못한 일이요 수운대선생님께서 비로소 창명하신 큰 도이니라. 지극한 덕이 아니면 누가 능히 알겠는가. 천지가 그 부모인 이치를 알지 못한 것이 오만 년이 지나도록 오래 되었으니, 다 천지가 부모임을 알지 못하면 억조창생이 누가 능히 부모에게 효도하고 봉양하는 도로써 공경스럽게 천지를 받들 것인가.

2-4. 天地父母永侍不忘 如臨深淵 如履薄氷然 至誠至孝 極盡極敬 人子之道理也 爲其子女者. 不敬父母則 父母大怒 降罰於其最愛之子女 戒之愼之.

천지부모를 길이 모셔 잊지 않는 것을 깊은 물가에 이르듯이 하며 엷은 얼음을 밟는 듯이 하여, 지성으로 효도를 다하고 극진히 공경을 다하는 것은 사람의 자식된 도리이니라. 그 아들과 딸 된 자가 부모를 공경치 아니하면, 부모가 크게 노하여 가장 사랑하는 아들 딸에게 벌을 내리나니, 경계하고 삼가하라.

2-5. 吾事父母之理 何待人言而强爲哉. 都是大運未明之故也 勤勉不善之致也 實是慨嘆之處也.

내가 부모 섬기는 이치를 어찌 다른 사람의 말을 기다려 억지로 할 것인가. 도무지 이것은 큰 운이 밝아지지 못한 까닭이요 부지런히 힘써서 착한 데 이르지 못한 탓이니, 참으로 개탄할 일이로다.

2-6. 人是五行之秀氣也 穀是五行之元氣也 乳也者 人身之穀也 穀也者天地之乳也.

사람은 오행의 빼어난 기운이요 곡식은 오행의 으뜸가는 기운이니, 젖이란 것은 사람의 몸에서 나는 곡식이요, 곡식이란 것은 천지의 젖이니라.

2-7. 父母之胞胎 卽天地之胞胎 人之幼孩時 唆其母乳 卽天地之乳也 長而食五穀 亦是天地之乳也. 幼而哺者非母之乳而何也 長而食者非天地之穀而何也. 乳與穀者是天地之祿也.

부모의 포태가 곧 천지의 포태니, 사람이 어렸을 때에 그 어머니 젖을 빠는 것은 곧 천지의 젖이요, 자라서 오곡을 먹는 것은 또한 천지의 젖이니라. 어려서 먹는 것이 어머님의 젖이 아니고 무엇이며, 자라서 먹는 것이 천지의 곡식이 아니고 무엇인가. 젖과 곡식은 다 이것이 천지의 녹이니라.

2-8. 人知天地之祿則 必知食告之理也 知母之乳而長之則 必生孝養之心也. 食告反哺之理也 報恩之道也 對食必告于天地 不忘其恩爲本也.

사람이 천지의 녹인 줄을 알면 반드시 식고(食告)하는 이치를 알 것이요, 어머님의 젖으로 자란 줄을 알면 반드시 효도로 봉양할 마음이 생길 것이니라. 식고는 반포의 이치요 은덕을 갚는 도리이니,

음식을 대하면 반드시 천지에 고하여 그 은덕을 잊지 않는 것이 근본이 되느니라.

2-9. 何獨人衣人食乎. 日亦衣衣月亦食食.

어찌 홀로 사람만이 입고 사람만이 먹겠는가. 해도 역시 입고 입고 달도 역시 먹고 먹느니라.

2-10. 人不離天天不離人故 人之一呼吸一動靜一衣食 是相與之機也.

사람은 한울을 떠날 수 없고 한울은 사람을 떠날 수 없나니, 그러므로 사람의 한 호흡, 한 동정, 한 의식도 이는 서로 화하는 기틀이니라.

2-11. 天依人 人依食 萬事知 食一碗.

한울은 사람에 의지하고 사람은 먹는 데 의지하나니, 만사를 안다는 것은 밥 한 그릇을 먹는 이치를 아는 데 있느니라.

2-12. 人依食而資其生成 天依人而現其造化. 人之呼吸動靜屈伸衣食皆天主造化之力 天人相與之機 須臾不可離也

사람은 밥에 의지하여 그 생성을 돕고 한울은 사람에 의지하여 그 조화를 나타내는 것이니라. 사람의 호흡과 동정과 굴신과 의식은 다 한울님 조화의 힘이니, 한울님과 사람이 서로 더부는 원리는 잠깐이라도 떨어지지 못할 것이니라.

三. 도결(道訣)

3-1. 天地父母四字 字雖各異 其實都是一天字也. 然則天地卽父母父母卽天地 天地父母初無間焉. 命乃在天天生萬民 先聖之所謂也 乾稱父坤稱母先賢之所論也.

천지부모 네 글자는 글자는 비록 각각 다르나, 그 실은 도무지 한울 천 한 자니라. 그러면 천지는 곧 부모요 부모는 곧 천지니, 천지부모는 처음부터 사이가 없느니라. 목숨이 한울에 있음과 한울이 만민을 냄은 선성의 이른 바요, 건칭부 곤칭모는 선현의 말한 바라.

3-2. 事天地如事父母 出入必告 一如定省之禮 開闢五萬年以後 先生之始刱者也. 必有其然之理故 乃刱其然之道 使斯人 知斯德修斯道.

천지 섬김을 부모 섬김과 같이 하되, 출입에 반드시 고하고 혼정신성의 예의를 한결같이 하는 것은, 개벽 오만 년 이후에 선생께서 시창한 것이라. 반드시 그런 이치가 있으므로 이에 그러한 도를 시창하여, 사람으로 하여금 이 덕을 알게 하여 이 도를 닦게 하는 것이니라.

3-3. 挽近以來 人倫蔑如 丁寧知父母之生我育我 而慢而忽之 以孝子甚鮮 又況微妙難測者 無形有跡天地父母之理 孰能敬畏 孝而奉之乎.

근래에 와서 사람의 윤리가 업신여겨지게 되어 정녕 부모가 나를 낳아 길러주신 것을 알면서도 등한히 하고 소홀히 하여 효도하는 자가 매우 적거늘, 하물며 미묘난측한 무형유적의 천지부모의 이치를 누가 능히 경외하여 효성으로 봉양하겠는가.

3-4. 凡今下品之人 强於的見 忽於無形 理固然矣. 不足甚責 而道旣刱始則 豈可但以歸之沒覺 全然抛置於暴棄氣之外乎.

무릇 지금 하품 사람은, 보이는 데는 강하고 무형한 데 소홀히 함은 이치의 당연한 것이라. 심히 책하여도 모자랄 것이나 도가 이미 창시하였은즉, 어찌 가히 깨닫지 못한 것으로만 돌려 전연 돌보지 않고 포기하는 밖에 내버려 두겠는가.

3-5. 所以 反覆思量 不拘淺薄 論而言之 提而惺之 盡心奉行 以尋其本 以達其本 以達其源 恍然復赤子之心 的然卞天地之理則 不患不到聖哲之域矣.

그러므로 생각을 거듭하여 천박함을 무릅쓰고 타일러 말하여 손잡아 깨우쳐 주니, 진심으로 행하여 그 근본을 찾아 그 근본을 통달하고 그 근원을 밝히어 황연히 적자의 마음을 회복하고 확실히 천지의 이치를 분별하면, 성철의 경지에 이르지 못함을 근심하지 않으리라.

3-6. 蓋此身髮 盡是天地父母之所遺也 非我之私物也 何嘗疎忽哉. 今世之人 只言父母氣血胞胎之理 而不知天地造化 氣成理賦之本焉 或言理氣胞胎之數 而全昧落地以後 長養於天胞地胎自然理氣之中 可歎也.

대개 이 몸은 모두 이것이 천지 부모의 주신 바요 나의 사물이 아니니, 어찌 소홀히 하리오. 지금 세상 사람은 다만 부모의 기혈포태의 이치만 말하고, 천지조화 기성이부의 근본을 알지 못하며 혹은 이기포태의 수를 말하되, 낙지이후에 천포지태 자연이기의 가운데서 자라나고 있음을 전연 알지 못하니 가히 탄식할 일이로다.

3-7. 行住坐臥語默動靜 何莫非天地鬼神造化之跡 或云天理 或稱天德 然而絶無孝敬一不奉事 實不知快然之理故也. 父母生我育我 而自然長成者天地之造化也 天地化我成我 而受天命 而教而養之者父母之恩德也 然則非天地無以化我 非父母無以養我 天地父母覆育之恩何嘗少有間乎.

행주좌와와 어묵동정이 어느 것이나 천지귀신조화의 자취 아님이 없건마는, 혹 천리를 말하고 혹 천덕을 말하나 그러나 전혀 효경함이 없고 하나도 받들어 섬기지 아니하니, 실로 마음이 상쾌한 이치를 알지 못하는 까닭이니라. 부모가 나를 낳고 나를 기르나 자연히 성장하는 것은 천지의 조화요. 천지가 나를 화생하고 나를 성장하게 하나 천명을 받아서 가르치고 기르는 것은 부모의 은덕이니 그런즉, 천지가 아니면 나를 화생함이 없고 부모가 아니면 나를 양육함이 없을 것이니, 천지부모가 복육하는 은혜가 어찌 조금인들 사이가 있겠는가.

3-8. 天地旣有父母之名字 亦有父母之恩德則 以孝父母之道 奉以同事 敬而同養 不亦宜乎 不亦可乎. 先聖但言 身體髮膚受之於父母之恩 不明言受之於天地之本故也 先聖豈曰不知. 時有其時 運有其運

不先發未來之道而然也.

천지는 이미 부모의 이름자가 있고 또한 부모의 은덕이 있은즉, 부모에게 효도하는 도로써 받들어서 같이 섬기고 공경하여 같이 봉양함이 또한 마땅하지 않으며 또한 옳지 않겠는가. 선성이 다만 신체발부를 부모에게서 받은 은혜만 말하고, 천지에게서 받은 근본을 명확히 말하지 않은 까닭을, 선성이 어찌 알지 못한다 하리오. 때에는 그 때가 있고 운에는 그 운이 있어서, 먼저 미래의 도를 발설하지 못하여 그러한 것이니라.

3-9. 天以陰陽五行化生萬民 長養五穀則 人是五行之秀氣也 穀亦五行之元氣也. 以五行之元氣 飼養五行之秀氣 化而生之長而成之者 非天伊誰 非恩曰何. 所以吾師受五萬年無極大運 布德于天下 使斯民行斯道而知斯德者 只此一端也.

한울님은 음양오행으로써 만민을 화생하고 오곡을 장양한즉, 사람은 곧 오행의 가장 빼어난 기운이요, 곡식도 또한 오행의 으뜸가는 기운이라. 오행의 원기로써 오행의 수기를 기르나니, 화해서 나고 자라서 이루는 것은 이것이 한울님이 아니고 누구이며 은혜가 아니고 무엇이라 말하리오. 그렇기 때문에 우리 스승님께서 오만년 무극대운을 받아 덕을 천하에 펴서 이 사람들로 하여금 이 도를 행하여 이 덕을 알게 하는 것은 다만 이 한 가지뿐이라.

3-10. 吾師之大道宗旨 第一事天地如事父母之道也 第二食告如孝養生存父母之理也 內修道 可不勉乎. 快知食告之理則 道通在其中

者此也.

우리 스승님의 대도종지는 첫째는 천지 섬기기를 부모 섬기는 것과 같이 하는 도요, 둘째 식고는 살아계신 부모를 효양하는 이치와 같은 것이니 내수도를 가히 힘쓰지 않겠는가. 식고의 이치를 잘 알면 도통이 그 가운데 있다는 것이 이것이니라.

3-11. 今也不然 反師之道 違天之心 蔑天之理 而稱之曰修道 天佑神助尙矣勿論 受天降譴明若觀火. 今我道儒 旣受永侍天地父母之道 初焉以父母之道孝敬 終焉以尋常路人待之則 其父母之心 豈可安乎 其子背親忘親而安往乎.

지금은 그렇지 아니하여 스승님의 도를 배반하고 한울님의 마음을 어기고 한울님의 이치를 업신여기면서 말하기를 도를 닦는다고 하니, 천우신조는 오히려 말할 것도 없고 한울님이 내리는 꾸지람을 받을 것이 명약관화한지라. 이제 우리 도유는 이미 천지부모를 길이 모시는 도를 받았으나, 처음에 부모의 도로써 효경하다가 내종에 보통 길가는 사람으로서 대접하면 그 부모의 마음이 어찌 편안할 수 있으며, 그 자식이 어버이를 배반하고 어버이를 잊어버리고 어디로 가겠는가.

3-12. 天不干涉則寂然一塊物 是曰死矣 天常干涉則慧然一靈物 是曰生矣. 人之一動一靜 豈非天地之所使乎. 孜孜力行則 天感地應 敢以遂通者非天而何 孰慮詳察焉. 夫婦卽天地. 天地不和 斯天厭之 厭之則生禍 喜之則降福 益勉家內和順之地 如何. 興言及此大惶大悚

矣 戒之愼之 共成大運之地 伏祝伏祝. 非我言耄惟聖之訓也 永世不忘若何.

한울님이 간섭하지 않으면 고요한 한 물건 덩어리니 이것을 죽었다고 하는 것이요, 한울님이 항상 간섭하면 지혜로운 한 영물이니 이것을 살았다고 말하는 것이라. 사람의 일동일정이 어찌 한울님의 시키는 바가 아니겠는가. 부지런하고 부지런하여 힘써 행하면 한울님이 감동하고 땅이 응하여 감히 통하게 되는 것은 한울님이 아니고 무엇이리오. 잘 생각하고 자세히 살필지어다.

부부는 곧 천지라. 천지가 화하지 못하면 이는 한울님이 싫어하나니, 싫어하면 화를 주고 기뻐하면 복을 내릴 것이니 가내가 화순한 곳이 되도록 더욱 힘쓰는 것이 어떠하리오. 말을 지어 이에 미치니 크게 두렵고 크게 두려움이라, 경계하고 삼가하여 함께 대운의 터전을 이루도록 복축하고 복축하나이다. 나의 말이 노망이 아니라 오직 성인의 가르침이니 평생토록 잊지 않음이 어떠하리오.

四. 천지인 · 귀신 · 음양(天地人 · 鬼神 · 陰陽)

4-1. 天地一氣塊也.

천지는 한 기운 덩어리니라.

4-2. 天地人都是一理氣而已. 人是天塊 天是萬物之精也. 蒼蒼在上日月星辰所係者人皆謂之天 吾獨不謂天也. 不知者不能覺斯言矣.

천 · 지 · 인은 도시 한 이치 기운뿐이니라. 사람은 바로 한울 덩어리요, 한울은 바로 만물의 정기이니라. 푸르고 푸르게 위에 있어 일월성신이 걸려 있는 곳을 사람이 다 한울이라 하지마는, 나는 홀로 한울이라고 하지 않노라. 알지 못하는 사람은 나의 이 말을 깨닫지 못할 것이니라.

4-3. 人之動靜心乎 氣乎. 氣爲主心爲體鬼神用事 造化者鬼神之良能也.

사람의 동하고 정하는 것이 마음이 시키는 것이냐, 기운이 시키는 것이냐. 기운은 주가 되고 마음은 체가 되고 귀신은 용사하는 것이니 조화란 것은 귀신의 좋은 재능이니라.

4-4. 鬼神者何也. 以陰陽論之則 陰鬼陽神也 以性心論之則 性鬼心神也 以屈伸論之則 屈鬼伸神也 以動靜論之則 靜鬼動神也.

귀신이란 것은 무엇인가. 음양으로 말하면 음은 귀, 양은 신이요, 성심으로 말하면 성은 귀, 심은 신이요, 굴신으로 말하면 굴은 귀, 신은 신이요, 동정으로 말하면 정은 귀, 동은 신이니라.

4-5. 氣使心乎 心使氣乎. 氣生於心乎 心生於氣乎. 化生氣也 用事心也 心不和則氣失其度 氣不正則 心脫其軌 正氣安心安心正氣. 氣不正則心不安 心不安則氣不正 其實則心亦生於氣也.

기운이 마음을 부리는가, 마음이 기운을 부리는가. 기운이 마음에서 나왔는가, 마음이 기운에서 나왔는가. 화생하는 것은 기운이요 작용하는 것은 마음이니, 마음이 화하지 못하면 기운이 그 도수를 잃고 기운이 바르지 못하면 마음이 그 궤도를 이탈하나니, 기운을 바르게 하여 마음을 편안히 하고 마음을 편안히 하여 기운을 바르게 하라. 기운이 바르지 못하면 마음이 편안치 못하고, 마음이 편안치 못하면 기운이 바르지 못하나니, 그 실인즉 마음도 또한 기운에서 나는 것이니라.

4-6. 動者氣也 欲動者心也 能屈能伸 能變能化者鬼神也. 鬼神者天地之陰陽也 理氣之變動也 寒熱之精氣也 分則一理萬殊 合則一氣而已. 究其本則鬼神也性心也造化也 都是一氣之所使也.

움직이는 것은 기운이요, 움직이고자 하는 것은 마음이요, 능히 구부리고 펴고 변하고 화하는 것은 귀신이니라. 귀신이란 것은 천지의 음과 양이요 이치와 기운의 변동이요 차고 더움의 정기니, 나누면 한 이치가 만가지로 다르게 나타나고 합하면 한 기운일 따름이니라. 그 근본을 연구하면 귀신, 성심, 조화가 도무지 한 기운의 시키는 바니라.

4-7. 人是天天是人 人外無天天外無人.

사람이 바로 한울이요 한울이 바로 사람이니, 사람 밖에 한울이 없고 한울 밖에 사람이 없느니라.

4-8. 心在何方 在於天 天在何方 在於心故. 心卽天天卽心 心外無天天外無心. 天與心本無二物 心天相合 方可謂侍定知 心天相違則 人

皆曰侍天主 吾不謂侍天主也.

마음은 어느 곳에 있는가 한울에 있고, 한울은 어느 곳에 있는가 마음에 있느니라. 그러므로 마음이 곧 한울이요 한울이 곧 마음이니, 마음 밖에 한울이 없고 한울 밖에 마음이 없느니라. 한울과 마음은 본래 둘이 아닌 것이니 마음과 한울이 서로 화합해야 바로 시·정·지라 이를 수 있으니, 마음과 한울이 서로 어기면 사람이 다 시천주라고 말할지라도 나는 시천주라고 이르지 않으리라.

4-9. 天地一氣圓也. 氣是渾元 心是虛靈造化無窮.

천지는 한 기운 울타리니라. 기운은 혼원이요 마음은 허령이니 조화가 무궁한 것이니라.

4-10. 人之有心譬如天之有日 日之明兮 照臨萬國 心之明兮 透徹萬理.

사람의 마음 있는 것이 비유하면 한울에 해가 있는 것과 같으니, 해가 밝음에 만국을 비추고 마음이 밝음에 일만 이치를 환히 꿰뚫는도다.

4-11. 一輪明月 能照千江之水 一春和氣能生萬物之精.

둥글고 밝은 달은 능히 천강의 물을 비추고, 한 봄의 화한 기운은 능히 만물의 정기를 낳느니라.

五. 허(虛)와 실(實)

5-1. 經曰「心兮本虛應物無跡」虛中有靈知覺自生. 器虛故能受萬物 室虛故能居人活 天地虛故能容萬物 心虛故能通萬理也.

경에 이르기를 "마음은 본래 비어서 물건에 응하여도 자취가 없다" 하였으니, 빈 가운데 영이 있어 깨달음이 스스로 나는 것이니라. 그릇이 비었으므로 능히 만물을 받아들일 수 있고, 집이 비었으므로 사람이 능히 거처할 수 있으며, 천지가 비었으므로 능히 만물을 용납할 수 있고, 마음이 비었으므로 능히 모든 이치를 통할 수 있는 것이니라.

5-2. 無而後有之有而後無之 無生有也有生無也. 生於無形於虛 無無如虛虛如 視之不見 聽之不聞.

없은 뒤에는 있는 것이요 있은 뒤에 없어지는 것이니, 무는 유를 낳고 유는 무를 낳느니라. 없는 데서 생기어 빈 데서 형상을 갖추나니, 없는 듯 빈 듯한지라, 보려 하나 보이지 아니하고 들으려 하나 들리지 아니하느니라.

5-3. 虛能生氣 無能生理 柔能致氣 剛能養氣 四者不可無也. 體此虛無之氣 用此虛無之理 虛虛靈靈 至眞無妄.

빈 것이 능히 기운을 낳고, 없는 것이 능히 이치를 낳고, 부드러운 것이 능히 기운을 일으키고, 굳센 것이 능히 기운을 기르나니, 네 가지는 없어서는 안 되느니라. 이 비고 없는 기운을 체로 하여 비고 없는 이치를 쓰면, 비고 신령한 것이 참된 데 이르러 망령됨이 없어지느니라.

5-4. 眞者 虛中生實 天地之至公 妄者虛中生欺 天地之無功也. 守眞則 天愛之 妄之則 天惡之故. 眞實者天地之生命體也 欺妄者 人身之破滅椎也. 虛而靜 動而專 無像而像者 是渾元一氣之眞也.

참이란 것은 빈 가운데서 실상을 낳은 것이니 천지의 지극히 공변된 것이요, 망령이란 것은 허한 가운데서 생긴 거짓이니 천지의 공이 없어지는 것이니라. 참을 지키면 한울이 사랑하고 망령되면 한울이 미워하느니라. 그러므로 진실이란 것은 천지의 생명체요, 거짓과 망령이란 것은 사람의 몸을 깨쳐 없애는 쇠뭉치이니라. 비어서 고요하며, 움직이면서 전일하며, 형상은 없으나 형상을 나타내는 것이 이 혼원한 한 기운의 참된 것이니라.

5-5. 精神魂魄有智有覺 虛無中理氣之所使也 聚而正則有 散而失則無也.

정신혼백이 지혜가 있고 깨달음이 있는 것은 허무한 가운데 이치 기운이 시키는 것이니, 모여서 바르면 있고 흩어져 잃으면 없는 것이니라.

5-6. 理氣正則萬物靈之 理氣不正則萬物生病 人身所在之理氣正則天地所在之理氣正也 人身所在之理氣不正則 天地所在之理氣亦不正也.

이치와 기운이 바르면 만물이 신령하고, 이치와 기운이 바르지 못하면 만물이 병이 생기고, 사람의 몸에 있는 이치와 기운이 바르면 천지에 있는 이치와 기운도 바르고, 사람의 몸에 있는 이치와 기운이 바르지 못하면 천지에 있는 이치와 기운도 역시 바르지 못하느니라.

六. 심령지령(心靈之靈)

6-1. 世人 不知天靈之靈 亦不知心靈之靈而 但知雜神之靈 豈非病乎. 今俗所謂 城隍 帝釋城主 土王 山神 水神 石神 木神等 淫祀筆不難記也. 此是 漢武帝時 巫蠱餘風 尙今未革染心成痼 非但愚婦愚夫之病根難治 腐儒俗士汪汪流入 習與成俗 可謂寒心處也. 此等痼疾 非大方家之手段 實難治療. 故余敢論而言之 明而察之 快斷病根 同歸一理 勿獲罪于天.

세상 사람은 천령의 영함을 알지 못하고 또한 심령의 영함도 알지 못하고, 다만 잡신의 영함만을 아니 어찌 병이 아니겠는가. 지금 세속에서 이르는 성황이니 제석이니 성주니 토왕이니 산신이니 수신이니 석신이니 목신이니 하는 등의 음사는 붓으로 다 기록하기 어려운 것이니라. 이것은 한무제 때에 무당이 하던 여풍을 지금까지 고치지 못하고 마음에 물들어 고질이 되었으니, 다만 어리석은 사람들의 병근을 고치기 어려울 뿐 아니라 썩은 유생과 속된 선비도 왕왕 흘러들어 습관과 풍속을 이루었으니, 가히 한심한 것이라 이르리로다. 이러한 고질은 대방가의 수단이 아니면 실로 고치기 어려우니라. 그러므로 내 감히 논하여 말하는 것이니 밝게 살피어 쾌히 병든 뿌리를 끊고 한 이치로 돌아와 죄를 한울님께 얻지 말라.

6-2. 今此論說 非道成立德者難曉矣. 曰「陰陽」曰「鬼神」曰「造化」曰「命」曰「氣」知陰陽之根本乎 不知乎. 不知根本而 徒能讀而已 可歎矣.

지금 이 말은 도성입덕한 사람이 아니면 깨닫기 어려운 것이니라. '음양'이라 '귀신'이라 '조화'라 '명'이라 '기운'이라 하니, 음양의 근본을 아는가 모르는가. 근본을 알지 못하고 한갓 글 외우기만 하니 한심한 일이로다.

是知根本透徹然後 方可謂之知天也. 何以爲陰陽 何以爲鬼神 何以爲造化 何以爲命 何以爲氣乎. 視之不見 聽之不聞 可謂成道也 外有接靈之氣 內有降話之敎 丁寧透得可謂立德也 不然則未免托名矣.

이 근본을 투철하게 안 뒤에라야 바로 한울을 안다고 이르리라. 무엇으로써 음양이 되었으며, 무엇으로써 귀신이 되었으며, 무엇으로써 조화가 되었으며, 무엇으로써 명이 되었으며, 무엇으로써 기운이 되었는가. 보였는데 보이지 아니하고 들렸는데 들리지 않는 데 이르러야 가히 도를 이루었다 할 것이요, 밖으로 접령하는 기운이 있음과 안으로 강화의 가르침이 있음을 확실히 투득해야 가히 덕을 세웠다 말할 것이니, 그렇지 못하면 탁명이나 하였다는 것을 면지 못할 것이니라.

6-3. 道人入道後 事天地不如事父母 猶浸浸然 不釋淫祀之心 或作或撤 半信半疑 半信天地 半信淫祀 是排斥天地父母者也. 是故天地父母震怒 子孫零落 此理的知然後 庶幾入門乎. 此是「開闢後五萬年 勞而無功 遇汝成功之」天意也 明察深究焉.

도인이 입도한 뒤에 천지 섬기기를 부모 섬기는 것과 같이 아니하고, 오히려 음사에 빠져서 음사의 마음을 놓지 못하여 혹 만들고, 혹 걷어치우고, 반은 믿고 반은 의심하여 반은 천지를 믿고 반은 음사를 믿으니, 이것은 천지부모를 배척하는 것이니라. 이러므로 천지부모가 크게 노하여 자손이 영락하나니, 이 이치를 자세히 안 뒤에라야 거의 도문에 들어섰다고 이를 것이니라. 이것이 "개벽후 오만년에 노이무공하다가서 너를 만나 성공하니" 하신 한울님 뜻이니 밝게 살피고 깊이 연구하라.

七. 대인접물(待人接物)

7-1. 人是天 事人如天. 吾見諸君 自尊者多矣 可嘆也 離道者自此而生 可痛也. 吾亦有此心 生則生也. 不敢生此心也 天主不養吾心也-恐也.

사람이 바로 한울이니 사람 섬기기를 한울같이 하라. 내 제군들을 보니 스스로 잘난 체하는 자가 많으니 한심한 일이요, 도에서 이탈되는 사람도 이래서 생기니 슬픈 일이로다. 나도 또한 이런 마음이 생기면 생길 수 있느니라. 이런 마음이 생기면 생길 수 있으나, 이런 마음을 감히 내지 않는 것은 한울님을 내 마음에 양하지 못할까 두려워함이로다.

7-2. 只長驕慢奢侈之心 其終何爲也. 吾見人者多矣 好學者未見也. 外飾者道遠 眞實者道近 御人無碍者 可謂近道矣.

다만 교만하고 사치한 마음을 길러 끝내 무엇을 하리오. 내가 본 사람이 많으나 학을 좋아하는 사람을 아직 보지 못했노라. 겉으로 꾸며대는 사람은 도에 멀고 진실한 사람이 도에 가까우니, 사람을 대하여 거리낌이 없는 자라야 가히 도에 가깝다 이르리라.

7-3. 知其其然者 恃其其然者 快哉其其然之心者 距離相異 滿心快哉而後 能爲天地大事矣

그 그러함을 아는 사람과 그 그러함을 믿는 사람과 그 그러한 마음을 기쁘게 느끼는 사람은 거리가 같지 아니하니, 마음이 흐뭇하고 유쾌하게 느낌이 있은 뒤에라야 능히 천지의 큰일을 할 수 있느니라.

7-4. 余過淸州徐垞淳家 聞其子婦織布之聲 問徐君曰「彼誰之織布之聲耶」徐君對曰「生之子婦織布也」又問曰「君之子婦織布 眞是君之子婦織布耶」徐君不卞吾言矣. 何獨徐君耶. 道家人來 勿人來言 天主降臨言.

내가 청주를 지나다가 서택순의 집에서 그 며느리의 베짜는 소리를 듣고 서군에게 묻기를 "저 누가 베를 짜는 소리인가" 하니, 서군이 대답하기를 "제 며느리가 베를 짭니다" 하는지라, 내가 또 묻기를 "그대의 며느리가 베짜는 것이 참으로 그대의 며느리가 베짜는 것인가" 하니, 서군이 나의 말을 분간치 못하더라. 어찌 서군뿐이랴. 도인의 집에 사람이 오거든 사람이 왔다 이르지 말고 한울님이 강림하셨다 말하라.

7-5. 道家婦人輕勿打兒. 打兒卽打天矣 天厭氣傷. 道家婦人不畏天厭氣傷而輕打幼兒則 其兒必死矣 切勿打兒.

도가의 부인은 경솔히 아이를 때리지 말라. 아이를 때리는 것은 곧 한울님을 때리는 것이니 한울님이 싫어하고 기운이 상하느니라. 도인집 부인이 한울님이 싫어하고 기운이 상함을 두려워하지 아니하고 경솔히 아이를 때리면, 그 아이가 반드시 죽으리니 일체 아이를 때리지 말라.

7-6. 惡人莫如善待. 吾道正則 彼必自正矣 奚暇較其曲直長短哉. 謙讓立德之本也. 仁有大人之仁小人之仁 正己和人大人之仁心也.

악한 사람은 선하게 대하는 것만 같지 못하니라. 나의 도가 바르면 저 사람이 반드시 스스로 바르게 되리니, 어느 겨를에 그 곡직을 가리고 장단을 비교하겠는가. 겸양은 덕을 세우는 근본이니라. 어진 것은 대인의 어진 것과 소인의 어진 것이 있나니 먼저 나를 바르게 하고 사람들과 융화하는 것은 대인의 어진 마음이니라.

7-7. 以詐交者亂道者 悖道者逆理者也.

거짓으로써 사람을 사귀는 사람은 도를 어지럽게 하고 도를 사납게 하는 자요, 이치를 거역하는 자이니라.

7-8. 待人接物 必隱惡揚善爲主. 彼以暴惡對我則 我以仁恕待之 彼以狡詐飾辭則 我以正直順受之則 自然歸化矣. 此言雖易體用之難矣到此來頭 可見道力矣. 或道力未充 率急遽難忍耐 率多相沖 當此時用心用力順我處我則易 逆我處我則難矣. 是故待人之時 忍辱寬恕自責內省爲主 非人勿直.

사람을 대하고 물건을 접함에 반드시 악을 숨기고 선을 찬양하는 것으로 주를 삼으라. 저 사람이 포악으로써 나를 대하면 나는 어질고 용서하는 마음으로써 대하고, 저 사람이 교활하고 교사하게 말을 꾸미거든 나는 정직하게 순히 받아들이면 자연히 돌아와 화하리라. 이 말은 비록 쉬우나 몸소 행하기는 지극히 어려우니 이런 때에 이르러 가히 도력을 볼 수 있느니라. 혹 도력이 차지 못하여 경솔하고 급작스러워 인내가 어려워지고 경솔하여 상충되는 일이 많으니, 이런 때를 당하여 마음을 쓰고 힘을 쓰는 데 나를 순히 하여 나를 처신하면 쉽고, 나를 거슬러 나를 처신하면 어려우니라. 이러므로 사람을 대할 때에 욕을 참고 너그럽게 용서하여, 스스로 자기 잘못을 책하면서 나 자신을 살피는 것을 주로 하고, 사람의 잘못을 그대로 말하지 말라.

7-9. 吾非血塊 豈無是非之心 若生血氣傷道故 吾不爲此也. 吾亦有五臟 豈無貪慾之心 吾不爲此者養天主之故也.

내 핏덩어리만이 아니어니 어찌 시비하는 마음이 없으리오마는 만일 혈기를 내면 도를 상하므로 내 이를 하지 아니하노라. 나도 오장이 있거니 어찌 탐욕하는 마음이 없으리오마는 내 이를 하지 않는 것은 한울님을 봉양하는 까닭이니라.

7-10. 是皆不忘大先生主之命教故. 吾如是也.

이는 다 대선생님의 명교를 잊지 아니하는 것이라. 그러므로 내 이같이 하노라.

7-11. 淸明在躬其知如神 淸明在躬之本心卽 道至而盡矣. 日用行事莫非道也. 一人善之天下善之 一人和之一家和之 一家和之一國和之 一國和之天下同和矣 沛然孰能御之.

맑고 밝음이 있으면 그 아는 것이 신과 같으리니, 맑고 밝음이 몸에 있는 근본 마음은 곧 도를 지극히 함에 다하는 것이니라. 일용행사가 도 아님이 없느니라. 한 사람이 착해짐에 천하가 착해지고, 한 사람이 화해짐에 한 집안이 화해지고, 한 집안이 화해짐에 한 나라가 화해지고, 한 나라가 화해짐에 천하가 같이 화하리니, 비내리듯 하는 것을 누가 능히 막으리오.

7-12. 凡臨機處事 以愚·默·訥三字爲用. 若輕聽發言則 必陷於非人之譏詐也. 是以做去則 功必歸修 事必歸正矣. 待人之時如少兒樣. 常如花開之形 可以入於人和成德也.

무릇 때와 일에 임하여 "우(어리석은 체하는 것)·묵(침착하게 하는 것)·눌(말조심하는 것)" 세 자를 용으로 삼으라. 만약 경솔하게 남의 말을 듣고 말하면, 반드시 나쁜 사람의 속임에 빠지느니라. 이로써 실행해 나아가면 공은 반드시 닦는 데 돌아가고 일은 반드시 바른 데 돌아갈 것이니라. 사람을 대할 때에 언제나 어린아이같이 하라. 항상 꽃이 피는 듯이 얼굴을 가지면 가히 사람을 융화하고 덕을 이루는 데 들어가리라.

7-13. 孰非我長 孰非我師. 吾雖婦人小兒之言 可學而可師也.

누가 나에게 어른이 아니며 누가 나에게 스승이 아니리오. 나는 비록 부인과 어린아이의 말이라도 배울 만한 것은 배우고 스승으로 모실 만한 것은 스승으로 모시노라.

7-14. 有事則以理應事 無事則靜坐存心. 多言多慮 最害心術也.

일이 있으면 사리를 가리어 일에 응하고 일이 없으면 조용히 앉아서 마음공부를 하라. 말을 많이 하고 생각을 많이 하는 것은 심술에 가장 해로우니라.

7-15. 毁斥傷生 君子謂之不孝也 論人長短 大害道德也. 良工之庭不拒曲材 名醫之門不拒病夫 聖道之席不拒愚夫.

남을 훼방하고 배척하여 삶을 상하게 하는 것은 군자가 이르기를 불효라 하였으니, 사람의 장단을 말하는 것은 도덕에 크게 해로우니라. 양공은 구부러진 재목을 거절하지 아니하고, 명의는 병든 사람을 거절하지 아니하고, 성인의 도를 배우는 자리에는 어리석은 사람을 거절하지 아니하느니라.

7-16. 言顧行行顧言 言行一致. 言行相違則 心天相離 心天相離則雖窮年沒世 難入於聖賢之地位也.

말은 행할 것을 돌아보고 행동은 말한 것을 돌아보아, 말과 행동을 한결같이 하라. 말과 행동이 서로 어기면 마음과 한울이 서로 떨어지고, 마음과 한울이 서로 떨어지면 비록 해가 다하고 세상이 꺼질지라도 성현의 지위에 들어가기가 어려우니라.

7-17. 萬物莫非侍天主 能知此理則 殺生不禁而自禁矣. 鷰雀之卵 不破以後 鳳凰來儀草木之苗 不折以後 山林茂盛矣. 手折花枝則 未摘其實 遺棄廢物則 不得致富. 羽族三千 各有其類 毛蟲三千各有其命 敬物則德及萬方矣.

만물이 시천주 아님이 없으니 능히 이 이치를 알면 살생은 금치 아니해도 자연히 금해지리라. 제비의 알을 깨치지 아니한 뒤에라야 봉황이 와서 거동하고, 초목의 싹을 꺾지 아니한 뒤에라야 산림이 무성하리라. 손수 꽃가지를 꺾으면 그 열매를 따지 못할 것이요, 폐물을 버리면 부자가 될 수 없느니라. 날짐승 삼천도 각각 그 종류가 있고 털벌레 삼천도 각각 그 목숨이 있으니, 물건을 공경하면 덕이 만방에 미치리라.

八. 영부주문(靈符呪文)

8-1. 心者在我之本然天也 天地萬物本來一心. 心有先天後天之心 氣

亦有先天後天之氣. 天地之心神神靈靈 天地之氣浩浩蒼蒼 滿乎天地亘乎宇宙也.

마음이란 것은 내게 있는 본연의 한울이니 천지만물이 본래 한마음이니라. 마음은 선천 후천의 마음이 있고 기운도 또한 선천 후천의 기운이 있느니라. 천지의 마음은 신신영령하고 천지의 기운은 호호창창하여 천지에 가득 차고 우주에 뻗쳐 있느니라.

8-2. 經曰「吾有靈符 其名仙藥 其形太極 又形弓弓 受我此符 濟人疾病」弓乙其形 卽「心」字也.

경에 말씀하시기를 "나에게 영부 있으니 그 이름은 선약이요 그 형상은 태극이요 또 형상은 궁궁이니 나의 이 영부를 받아 사람을 질병에서 건지라" 하셨으니, 궁을의 그 모양은 곧 마음 심 자이니라.

8-3. 心和氣和與天同和. 弓是天弓 乙是天乙 弓乙吾道之符圖也 天地之形體也故. 聖人受之以行天道以濟蒼生也.

마음이 화하고 기운이 화하면 한울과 더불어 같이 화하리라. 궁은 바로 천궁이요, 을은 바로 천을이니 궁을은 우리 도의 부도요 천지의 형체이니라. 그러므로 성인이 받으시어 천도를 행하시고 창생을 건지시니라.

8-4. 太極玄妙之理也 透得則是爲萬病通治之靈藥矣.

태극은 현묘한 이치니 환하게 깨치면 이것이 만병통치의 영약이 되는 것이니라.

8-5. 今人但知用藥愈病 不知治心愈病 不治心而用藥 豈有差病之理哉. 不治心而服藥 是不信天而信藥.

지금 사람들은 다만 약을 써서 병이 낫는 줄만 알고 마음을 다스리어 병이 낫는 것은 알지 못하니, 마음을 다스리지 아니하고 약을 쓰는 것이 어찌 병을 낫게 하는 이치이랴. 마음을 다스리지 아니하고 약을 먹는 것은 이는 한울을 믿지 아니하고 약만 믿는 것이니라.

8-6. 以心傷心以心生病 以心治心以心愈病. 此理若不明卞 後學難曉故 論而言之 若治心而心和氣和 冷水不可以藥服之.

마음으로써 마음을 상하게 하면 마음으로써 병을 나게 하는 것이요, 마음으로써 마음을 다스리면 마음으로써 병을 낫게 하는 것이니라. 이 이치를 만약 밝게 분별치 못하면 후학들이 깨닫기 어렵겠으므로, 논하여 말하니 만약 마음을 다스리어 심화 기화가 되면 냉수라도 약으로써 복용하지 않느니라.

8-7. 此是開闢後五萬年 勞而無功 遇汝成功之天意也 明而察之.

이것이 "개벽 후 오만 년에 노이무공하다가서 너를 만나 성공하니"라고 하신 한울님의 뜻이니 밝게 살필지어다.

8-8. 以心治心 以氣治氣 以氣食氣 以天食天 以天奉天.

마음으로써 마음을 다스리고, 기운으로써 기운을 다스리고, 기운으로써 기운을 먹고, 한울로써 한울을 먹고, 한울로써 한울을 받드는 것이니라.

8-9. 呪文三七字 大宇宙 大精神 大生命 圖出之天書也「侍天主造化定」萬物化生之根本也「永世不忘萬事知」人生食祿之源泉也.

주문 삼칠자는 대우주 · 대정신 · 대생명을 그려낸 천서이니 "시천주 조화정"은 만물 화생의 근본이요, "영세불망 만사지"는 사람이 먹고 사는 녹의 원천이니라.

8-10. 經曰「侍字 內有神靈 外有氣化 一世之人 各知不移者也」內有神靈者 落地初赤子之心也 外有氣化者 胞胎時 理氣應質而成體也故.「外有接靈之氣內有降話之敎」「至氣今至願爲大降」是也.

경에 말씀하시기를 "모신다는 것은 안에 신령이 있고 밖에 기화가 있어 온 세상 사람이 각각 알아서 옮기지 않는 것이라" 하셨으니, 안에 신령이 있다는 것은 처음 세상에 태어날 때 갓난아기의 마음이요, 밖에 기화가 있다는 것은 포태할 때에 이치와 기운이 바탕에 응하여 체를 이룬 것이니라. 그러므로 "밖으로 접령하는 기운이 있고 안으로 강화의 가르침이 있다"는 것과 "지기금지 원위대강"이라 한 것이 이것이니라.

8-11. 吾人之化生 侍天靈氣而化生 吾人之生活 亦侍天靈氣而生活 何必斯人也 獨謂侍天主. 天地萬物皆莫非侍天主也. 彼鳥聲亦是侍天主之聲也.

우리 사람이 태어난 것은 한울님의 영기를 모시고 태어난 것이요, 우리 사람이 사는 것도 또한 한울님의 영기를 모시고 사는 것이니, 어찌 반드시 사람만이 홀로 한울님을 모셨다 이르리오. 천지만물이 다 한울님을 모시지 않은 것이 없느니라. 저 새소리도 또한 시천주의 소리니라.

8-12. 吾道義以天食天 以天化天. 萬物生生稟此心此氣以後 得其生成 宇宙萬物總貫一氣一心也.

우리 도의 뜻은 한울로써 한울을 먹고, 한울로써 한울을 화할 뿐이니라. 만물이 낳고 나는 것은 이 마음과 이 기운을 받은 뒤에라야 그 생성을 얻나니, 우주만물이 모두 한 기운과 한 마음으로 꿰뚫어졌느니라.

九. 수심정기(守心正氣)

9-1. 人能淸其心源 淨其氣海 萬塵不汚 慾念不生天地精神總歸一身之中. 心無淸明其人愚昧 心無塵埃其人賢哲.

사람이 능히 그 마음의 근원을 맑게 하고 그 기운 바다를 깨끗이 하면 만진이 더럽히지 않고, 욕념이 생기지 아니하면 천지의 정신이 전부 한 몸 안에 돌아오는 것이니라. 마음이 맑고 밝지 못하면 그 사람이 우매하고, 마음에 티끌이 없으면 그 사람이 현철하느니라.

9-2. 燈得膏油以後光焰明明 鏡得水銀以後照物昭昭 器得火炎熔煉以後 體質堅堅 人得心神敎訓以後 意思靈靈矣.

등불은 기름을 부은 뒤에라야 불빛이 환히 밝고, 거울은 수은을

칠한 뒤에라야 물건이 분명히 비치고, 그릇은 불에 녹아 단련된 뒤에라야 체질이 굳고 좋으며, 사람은 마음에 한울님의 가르침을 얻은 뒤에라야 뜻과 생각이 신령한 것이니라.

9-3. 身體心靈之舍也 心靈身體之主也 心靈之有 爲一身之安靜也 慾念之有 爲一身之擾亂也.

몸은 심령의 집이요 심령은 몸의 주인이니, 심령의 있음은 일신의 안정이 되는 것이요, 욕념의 있음은 일신의 요란이 되는 것이니라.

9-4. 心靈惟天也 高而無上 大而無極 神神靈靈 浩浩蕩蕩 臨事明知對物恭之. 思之則 天理得焉 不思之則 不得衆理矣 心靈思之 六官不思之. 以心靈明其心靈 玄妙之理 無窮之造化可得而用之 用之則 滿乎宇宙之間 廢之則藏乎一粒之中矣.

심령은 오직 한울이니, 높아서 위가 없고 커서 끝이 없으며, 신령하고 호탕하며 일에 임하여 밝게 알고 물건을 대함에 공손하니라. 생각을 하면 한울 이치를 얻을 것이요 생각을 하지 않으면 많은 이치를 얻지 못할 것이니, 심령이 생각하는 것이요, 육관(눈 · 귀 · 코 · 혀 · 몸 · 뜻)으로 생각하는 것이 아니니라. 심령으로 그 심령을 밝히면 현묘한 이치와 무궁한 조화를 가히 얻어 쓸 수 있으니, 쓰면 우주 사이에 차고 폐하면 한 쌀알 가운데도 감추어지느니라.

9-5. 鏡不蔽垢則明 衡不加物則平 珠不渾淤則光矣. 人之性靈也如天之日月 日中則萬國自明 月中則千江自照 性中則百體自安 靈中則萬

事自神矣.

거울이 티끌에 가리우지 않으면 밝고, 저울에 물건을 더하지 않으면 평하고, 구슬이 진흙에 섞이지 않으면 빛나느니라. 사람의 성령은 한울의 일월과 같으니, 해가 중천에 이르면 만국이 자연히 밝고, 달이 중천에 이르면 천강이 자연히 빛나고, 성품이 중심에 이르면 백체가 자연히 편안하고, 영기가 중심에 이르면 만사가 자연히 신통한 것이니라.

9-6. 廣厦千間 主人不能保護 其棟樑風雨倒壞 可不懼哉.

넓고 큰 집이 천간이라도 주인이 잘 보호치 않으면 그 기둥과 들보가 비바람에 무너지나니 어찌 두렵지 않으랴.

9-7. 我心不敬天地不敬 我心不安天地不安. 我心不敬不安 天地父母長時不順也 此無異於不孝之事. 逆其天地父母之志 不孝莫大於此也 戒之愼之.

내 마음을 공경치 않는 것은 천지를 공경치 않는 것이요, 내 마음이 편안치 않은 것은 천지가 편안치 않은 것이니라. 내 마음을 공경치 아니하고 내 마음을 편안치 못하게 하는 것은 천지부모에게 오래도록 순종치 않는 것이니, 이는 불효한 일과 다름이 없느니라. 천지부모의 뜻을 거슬리는 것은 불효가 이에서 더 큰 것이 없으니 경계하고 삼가하라.

9-8. 猛虎在前 長劍臨頭 霹靂降下 不懼 唯獨無言無聲之天 常畏懼

矣. 人皆由人之禍福當場易見 無形無言天之禍福難見矣.

사나운 범이 앞에 있고 긴 칼이 머리에 임하고 벼락이 내리어도 무섭지 아니하나, 오직 말 없고 소리 없는 한울이 언제나 무섭고 두려운 것이니라. 사람이 다 사람으로 연유하여 생기는 화복은 당장에 보기 쉬우나, 형상도 없고 말도 없는 한울의 화복은 보기 어려운 것이니라.

9-9. 世人皆謂蜀道險難矣 蜀道無險人心尤險.

세상 사람이 다 촉도가 험난하다고 이르나, 촉도가 험한 것이 아니라 사람의 마음 길이 더욱 험한 것이니라.

9-10. 「守心正氣」 四字 更補天地隕絶之氣. 經曰 「仁義禮智先聖之所教 守心正氣惟我之更定」 若非守心正氣則 仁義禮智之道 難以實踐也. 吾着睡之前 曷敢忘水雲大先生主 訓教也 洞洞燭燭 無晝無夜.

'수심정기' 네 글자는 천지가 운절되는 기운을 다시 보충하는 것이니라. 경에 말씀하시기를 "인의예지는 옛 성인의 가르친 바요, 수심정기는 오직 내가 다시 정한 것이라" 하셨으니, 만일 수심정기가 아니면 인의예지의 도를 실천하기 어려운 것이니라. 내 눈을 붙이기 전에 어찌 감히 수운대선생님의 가르치심을 잊으리오. 삼가서 조심하기를 밤낮이 없게 하느니라.

9-11. 諸君 能知守心正氣乎. 能知守心正氣之法 入聖何難. 守心正氣萬難中第一難也. 雖昏寢之時 能知他人之出入 能聽他人之言笑 可謂

守心正氣也. 守心正氣之法 孝悌溫恭 保護此心如保赤子 寂寂無忿起之心 惺惺無昏昧之心 可也.

그대들은 수심정기를 아는가. 능히 수심정기하는 법을 알면 성인되기가 무엇이 어려울 것인가. 수심정기는 모든 어려운 가운데 제일 어려운 것이니라. 비록 잠잘 때라도 능히 다른 사람이 나고 드는 것을 알고, 능히 다른 사람이 말하고 웃는 것을 들을 수 있어야 가히 수심정기라고 말할 수 있는 것이니라. 수심정기하는 법은 효·제·온·공이니 이 마음 보호하기를 갓난아이 보호하는 것같이 하며, 늘 조용하여 성내는 마음이 일어나지 않게 하고 늘 깨어 혼미한 마음이 없게 함이 옳으니라.

9-12. 心不喜樂 天不感應 心常喜樂 天常感應. 我心我敬 天亦悅樂. 守心正氣 是近天地我心也 眞心 天必好之 天必樂之.

마음이 기쁘고 즐겁지 않으면 한울이 감응치 아니하고, 마음이 언제나 기쁘고 즐거워야 한울이 언제나 감응하느니라. 내 마음을 내가 공경하면 한울이 또한 즐거워하느니라. 수심정기는 바로 천지를 내 마음에 가까이 하는 것이니, 참된 마음은 한울이 반드시 좋아하고 한울이 반드시 즐거워하느니라.

十. 성(誠)·경(敬)·신(信)

10-1. 吾道只在 誠敬信三字. 若非大德 實難踐行 果能誠敬信 入聖如

反掌.

우리 도는 다만 성 · 경 · 신 세 글자에 있느니라. 만일 큰 덕이 아니면 실로 실천하고 행하기 어려운 것이요, 과연 성 · 경 · 신에 능하면 성인되기가 손바닥 뒤집기 같으니라.

10-2. 四時有序萬物盛焉 晝夜飜覆日月分明 古今長遠理氣不變 此天地至誠無息之道也. 國君制法 萬民和樂 大夫治法朝廷整肅 庶民治家家道和順 士人勤學國運興焉 農夫力穡衣食豊足 商者勤苦 財用不竭 工者勤業機械俱足 此人民至誠不失之道也.

사시의 차례가 있음에 만물이 생성하고, 밤과 낮이 바뀜에 일월이 분명하고, 예와 지금이 길고 멀음에 이치와 기운이 변하지 아니하니, 이는 천지의 지극한 정성이 쉬지 않는 도인 것이니라. 나라 임금이 법을 지음에 모든 백성이 화락하고, 벼슬하는 사람이 법으로 다스림에 정부가 바르며 엄숙하고, 뭇 백성이 집을 다스림에 가도가 화순하고, 선비가 학업을 부지런히 함에 국운이 흥성하고, 농부가 힘써 일함에 의식이 풍족하고, 장사하는 사람이 부지런히 노고함에 재물이 다하지 않고, 공업하는 사람이 부지런히 일함에 기계가 고루 갖추어지니, 이는 인민이 지극한 정성을 잃지 않는 도이니라.

10-3. 純一之謂誠 無息之謂誠 使此純一無息之誠 與天地 同度同運 則 方可謂之大聖大人也.

순일한 것을 정성이라 이르고 쉬지 않는 것을 정성이라 이르나니, 이 순일하고 쉬지 않는 정성으로 천지와 더불어 법도를 같이하고 운을 같이하면 가히 대성 대인이라고 이를 수 있느니라.

10-4. 人人敬心則氣血泰和 人人敬人則萬民來會 人人敬物則萬相來儀 偉哉敬之敬之也夫.

사람마다 마음을 공경하면 기혈이 크게 화하고, 사람마다 사람을 공경하면 많은 사람이 와서 모이고, 사람마다 만물을 공경하면 만상이 거동하여 오니, 거룩하다 공경하고 공경함이여!

10-5. 宇宙間 充滿者 都是渾元之一氣也 一步足不敢輕擧也. 余閑居時一小我着屐而趨前 其聲鳴地 驚起撫胸曰「其兒屐聲我胸痛矣.」惜地如母之肌膚. 母之肌膚所重乎 一襪子所重乎. 的知此理體此敬畏之心 雖大雨之中 初不濕鞋也. 此玄妙之理也 知者鮮矣 行者寡矣 吾今日 始言大道之眞談也

우주에 가득찬 것은 도시 혼원한 한 기운이니, 한 걸음이라도 감히 경솔하게 걷지 못할 것이니라. 내가 한가히 있을 때에 한 어린이가 나막신을 신고 빠르게 앞을 지나니, 그 소리 땅을 울리어 놀라서 일어나 가슴을 어루만지며, "그 어린이의 나막신 소리에 내 가슴이 아프더라"고 말했었노라. 땅을 소중히 여기기를 어머님의 살같이 하라. 어머님의 살이 중한가 버선이 중한가. 이 이치를 바로 알고 공경하고 두려워하는 마음으로 체행하면, 아무리 큰 비가 내려도 신발이 조금도 젖지 아니할 것이니라. 이 현묘한 이치를 아는 이가 적으며 행하는 이가 드물 것이니라. 내 오늘 처음으로 대도의 진담을 말하였노라.

10-6. 仁義禮智非信則不行 金木水火非土則不成 人之有信如五行之有土. 億千萬事都是在信一字而已. 人之無信如車之無轍也.

인의예지도 믿음이 아니면 행하지 못하고 금목수화도 토가 아니면 이루지 못하나니, 사람의 믿음 있는 것이 오행의 토가 있음과 같으니라. 억천만사가 도시 믿을 신 한 자뿐이니라. 사람의 믿음이 없음은 수레의 바퀴 없음과 같으니라.

10-7. 信一字 雖父母兄弟 難以變通也. 經 曰「大丈夫 義氣凡節 無信何生」是也. 信心卽信天信天卽信心 人無信心一等神一飯囊而已.

믿을 신 한 자는 비록 부모형제라도 변통하기 어려운 것이니라. 경에 말씀하시기를 "대장부 의기범절 신 없으면 어디 나며" 하신 것이 이것이니라. 마음을 믿는 것은 곧 한울을 믿는 것이요, 한울을 믿는 것은 곧 마음을 믿는 것이니, 사람이 믿는 마음이 없으면 한 등신이요, 한 밥주머니일 뿐이니라.

10-8. 人或有誠而無信 有信而無誠 可嘆矣. 人之修行先信後誠 若無實信則 未免虛誠也. 心信 誠敬自在其中也.

사람이 혹 정성은 있으나 믿음이 없고, 믿음은 있으나 정성이 없으니 가히 탄식할 일이로다. 사람의 닦고 행할 것은 먼저 믿고 그 다음에 정성드리는 것이니, 만약 실지의 믿음이 없으면 헛된 정성을 면치 못하는 것이니라. 마음으로 믿으면 정성 공경은 자연히 그 가운데 있느니라.

10-9. 我水雲大先生 克誠克敬克信之大聖也夫. 誠格于天 承乎天命 敬格于天 密聽乎天語 信格于天契合乎天 玆以其爲大聖乎. 生而知之之聖猶然 矧乎 愚而欲賢暗而欲明 凡以欲聖乎.

우리 수운대선생께서는 정성에 능하고 공경에 능하고 믿음에 능하신 큰 성인이시었다. 정성이 한울에 이르러 천명을 계승하시었고, 공경이 한울에 이르러 조용히 천어를 들으시었고, 믿음이 한울에 이르러 묵계가 한울과 합하셨으니, 여기에 큰 성인이 되신 것이니라. 생이지지하신 성인도 오히려 그러하셨거든, 하물며 어리석은 사람이 어질고자 어두운 사람이 밝아지고자 범인이 성인이 되고자 함에랴.

十一. 독공(篤工)

11-1. 天地一氣塊也.

천지는 한 기운 덩어리니라.

11-2. 篤工而不成者 未之有也. 余自辛酉之夏受道而篤工而已 浴氷而生溫 焚膏而無滅 誠之哉道學也夫. 鑿井而後飮 耕田而後食 人之心學不如飮食之業乎. 穀貯千倉必自一畝 財聚萬貫必自一市 德潤百體必自一心.

독실하게 공부해서 이루지 못할 것이 없느니라. 내가 신유년 여름에 도를 받은 뒤로부터 독실하게 공부할 뿐이더니, 얼음물에 목욕하여도 따스한 기운이 돌고 불을 켜도 기름이 졸지 아니하니 정성 드려야 할 것은 도학이니라. 우물을 판 뒤에야 물을 마실 것이요, 밭을 간 뒤에야 밥을 먹을 것이니, 사람의 마음공부하는 것이 물 마시고 밥 먹는 일과 같지 아니한가. 곡식을 여러 창고에 저장하는 것도 반드시 밭 한 이랑으로부터 시작하는 것이요, 많은 재물을 모으는 것도 반드시 한 시장으로부터 되는 것이요, 덕이 백체를 윤택하게 하는 것도 반드시 한 마음으로부터 시작하는 것이니라.

11-3. 道之一念如飢思食 如寒思衣 如渴思水. 富貴者修道乎 有權者修道乎 有文者修道乎 雖貧賤者有誠可以修道也.

도에 대한 한결같은 생각을 주릴 때 밥 생각하듯이, 추울 때 옷 생각하듯이, 목 마를 때 물 생각하듯이 하라. 부귀한 자만 도를 닦겠는가, 권력 있는 자만 도를 닦겠는가, 유식한 자만 도를 닦겠는가, 비록 아무리 빈천한 사람이라도 정성만 있으면 도를 닦을 수 있느니라.

11-4. 學則必博 問則必審 行則必篤. 若於三年道眼不明心地不靈 此是無誠無信. 有誠有信則 轉石上山可易 無誠無信則 轉石下山亦難矣 學之易難皆如是也.

배우는 것은 반드시 넓게 하고 묻는 것은 반드시 자세히 하고 행하는 것은 반드시 독실하게 하라. 만일 삼 년에 도안이 밝지 못하고 마음 바탕이 신령치 못하면 이것은 정성이 없고 믿음이 없음이니라. 정성이 있고 믿음이 있으면 돌을 굴리어 산에 올리기도 쉬우려니와, 정성이 없고 믿음이 없으면 돌을 굴리어 산에서 내리기도 어려우니,

공부하는 것의 쉽고 어려움도 이와 같으니라.

11-5. 絶其私慾 棄其私物 忘其私榮以後 氣聚神會豁然有覺矣. 行則指足坦途 住則凝神太虛 坐則調息綿綿 臥則神入幽谷 終日如愚氣平正心神淸明矣.

사사로운 욕심을 끊고 사사로운 물건을 버리고 사사로운 영화를 잊은 뒤에라야, 기운이 모이고 신이 모이어 환하게 깨달음이 있으리니, 길을 가면 발끝이 평탄한 곳을 가리키고 집에 있으면 신이 조용한 데 엉기고 자리에 앉으면 숨결이 고르고 편안하며 누우면 신이 그윽한 곳에 들어, 하루종일 어리석은 듯하며 기운이 평정하고 심신이 청명하니라.

11-6. 余少時自思 上古聖賢 意有別樣異標矣 一見大先生主心學以後 始知非別異人也 只在心之定不定矣. 行堯舜之事 用孔孟之心 孰非堯舜 孰非孔孟. 諸君體吾此言 自强不息其可矣哉. 吾雖未貫 唯望諸君之先通大道也.

내가 젊었을 때에 스스로 생각하기를 옛날 성현은 뜻이 특별히 남다른 표준이 있으리라 하였더니, 한번 대선생님을 뵈옵고 마음공부를 한 뒤부터는, 비로소 별다른 사람이 아니요 다만 마음을 정하고 정하지 못하는 데 있는 것인 줄 알았노라. 요순의 일을 행하고 공맹의 마음을 쓰면 누가 요순이 아니며 누가 공맹이 아니겠느냐. 여러분은 내 이 말을 터득하여 스스로 굳세게 하여 쉬지 않는 것이 옳으니라. 나는 비록 통하지 못했으나 여러분은 먼저 대도를 통하기 바라노라.

11-7. 淺見薄識 不知道之根本 輒曰「予知」吾不言而良發一笑. 人皆是 諸葛亮姜太公道通謂之 我思之實非道通也. 如干開心 豈曰道通乎. 與天地合其德 能行天地造化然後 方可謂之道通也. 道通人欲千萬 今觀所行則 人知小利不知大利 可嘆可惜也.

웬만큼 아는 것을 가지고 도의 근본을 알지도 못하면서 문득 "내가 아노라" 하지마는, 나는 아무런 말도 하지 않고 좋게 한번 웃노라. 사람들이 다 제갈량과 강태공을 도통하였다 하지마는, 내가 생각하기엔 정말 도통이 아니라고 보노라. 약간의 마음이 열렸다고 해서 어찌 도통이라고 말할 수 있겠느냐. 천지와 더불어 그 덕에 합하여 능히 천지조화를 행한 뒤에라야 바야흐로 도통하였다 이르리라. 도통은 사람마다 하고자 하나 지금 소행을 보면 사람이 작은 이익만 알고 큰 이익은 알지 못하니, 탄식스럽고 애석한 일이로다.

十二. 성인지덕화(聖人之德化)

12-1. 明天地之道 達陰陽之理 使億兆蒼生 各得其業則 豈非道德文明之世界乎.

천지의 도를 밝히고 음양의 이치를 통달하여 억조창생으로 하여금 각각 그 직업을 얻게 하면 어찌 도덕문명의 세계가 아니겠는가.

12-2. 聖人之德行 如春風泰和之元氣 布於草木群生也.

성인의 덕행은 춘풍태화의 원기가 초목군생에 퍼짐과 같으니라.

12-3. 上天有心而無言 聖人有心而有言 惟聖人有心有言之天也.

한울님은 마음이 있으나 말이 없고, 성인은 마음도 있고 말도 있으니, 오직 성인은 마음도 있고 말도 있는 한울님이니라.

12-4. 兒生厥初孰非聖人孰非大人 衆人蚩蚩心多忘失 聖人明明不失天性 仍以率性 與天同德與天同大與天同化 天地所爲聖人能爲.

아이가 난 그 처음에 누가 성인이 아니며, 누가 대인이 아니리오마는 뭇사람은 어리석고 어리석어 마음을 잊고 잃음이 많으나, 성인은 밝고 밝아 한울님 성품을 잃지 아니하고, 언제나 성품을 거느리며 한울님과 더불어 덕을 같이하고, 한울님과 더불어 같이 크고, 한울님과 더불어 같이 화하나니, 천지가 하는 바를 성인도 할 수 있느니라.

12-5. 聖教 如旱天降雨萬物各自欣榮 聖節如冬嶺孤松 獨帶春光 聖法 如秋霜嚴肅 萬物皆無怨心.

성인의 교화는 가물던 한울에서 비가 내리는 것 같아서 만물이 각각 스스로 기쁘게 번영하고, 성인의 절개는 겨울 산마루에 외로운 소나무와 같아서 홀로 봄빛을 띠고, 성인의 법도는 가을 서리같이 엄숙하여 만물이 다 원망하는 마음이 없느니라.

12-6. 聖人於凡人 常以溫良和氣薰陶德聖 諄諄然眷眷曉諭 不出苛責之言. 聖人之德化捨己德人 凡人之私心利己害人. 堯舜之世民皆爲堯舜 民豈可以爲皆堯舜也. 是堯舜之德化中 薰育矣.

성인은 세상 사람에게 항상 온화한 기운으로 덕성을 베풀어 훈육하나니, 거듭 일러 친절히 가르치고 돌보고 돌보아 알아듣게 타이르고, 가혹하게 꾸짖는 말씀을 입 밖에 내지 아니하느니라. 성인의 덕화는 자기를 버리어 사람에게 덕이 되게 하고, 세상 사람의 사사로운 마음은 자기만 이롭게 하고 사람을 해롭게 하느니라. 요순의 세상에 백성이 다 요순이 되었다 하나, 백성이 어찌 다 요순이 되었겠는가. 이것은 요순의 덕화 속에 훈육되었기 때문이니라.

十三. 천도(天道)와 유불선(儒佛仙)

13-1. 吾道 源於無極而顯於太極 根着於天上地下 理潛於渾元一氣 玄妙之造化與天地日月 同體無窮矣. 吾道之眞理 似淺而深 似卑而高 似近而遠 似暗而明.

우리 도는 무극에 근원하여 태극에 나타났으니 뿌리는 천상지하에 뻗었고, 이치는 혼원일기에 잠기었고, 현묘한 조화는 천지일월과 더불어 한 몸으로 무궁하니라. 우리 도의 진리는 얕은 것 같으나 깊고, 속된 것 같으나 고상하고, 가까운 것 같으나 멀고, 어두운 것 같으나 밝은 것이니라.

13-2. 吾道 似儒似佛似仙 實則 非儒非佛非仙也故. 曰「萬古無之 無極大道也」先聖只言枝葉 不說根本 我水雲大先生主 始創天地陰陽日月鬼神氣運造化之根本也. 苟非聰明達德者 孰能知之. 知者鮮矣 可歎也.

우리 도는 '유'와도 같고 '불'과도 같고 '선'과도 같으나, 실인즉 '유'도 아니요 '불'도 아니요 '선'도 아니니라. 그러므로 "만고 없는 무극대도"라 이르나니, 옛 성인은 다만 지엽만 말하고 근본은 말하지 못했으나, 우리 수운대선생님께서는 천지 · 음양 · 일월 · 귀신 · 기운 · 조화의 근본을 처음으로 밝히셨나니라. 진실로 총명달덕한 이가 아니면 누가 능히 알리오. 아는 이가 적으니 가히 탄식할 일이로다.

十四. 오도지삼황(吾道之三皇)

14-1. 聖人首出德化萬邦 德化萬邦黎民是雍. 是誰之德天主之恩.

성인이 처음 나시어 덕이 만방에 화하고, 덕이 만방에 화하니 뭇 백성이 이에 화하도다. 이것이 누구의 덕인가, 한울님의 은혜로다.

14-2. 非天之明 大聖之明 昊天之德大聖明之. 浩浩其德 非天孰降 明明其德 非聖孰明. 蕩蕩其德聖人明之.

한울이 밝은 것이 아니라 큰 성인이 밝은 것이니, 넓고 넓은 한울님의 덕을 큰 성인이 밝히셨도다. 넓고 넓은 그 덕을 한울님이 아니면 누가 내리시며, 밝고 밝은 그 덕을 성인이 아니면 누가 밝히겠는가. 넓고 큰 그 덕을 성인이 밝히셨도다.

14-3. 嵬嵬天道大聖初明 明明天地非日月不明 明明大聖 非亞聖不明.

높고높은 천도를 큰 성인이 처음 밝히셨으니, 밝고밝은 천지도 일월이 아니면 밝지 못하고, 밝고밝은 큰 성인도 다음 성인이 아니면 밝히지 못하느니라.

14-4. 天地非明日月明明 日月非明天皇其明 天皇非明地皇尤明. 天皇道地皇德 人皇明之 天皇地皇出世以後 人皇出世理之固然矣

천지가 밝은 것이 아니라 일월이 밝고밝은 것이요, 일월이 밝은 것이 아니라 천황이 밝은 것이요, 천황이 밝은 것이 아니라 지황이 더욱 밝은 것이로다. 천황의 도와 지황의 덕을 인황이 밝히나니, 천황 · 지황이 세상에 난 뒤에 인황이 세상에 나는 것은 이치가 본래 그러한 것이니라.

十五. 개벽운수(開闢運數)

15-1. 斯世之運 天地開闢初之大運回復也 世界萬物無非更定胞胎之數也. 經曰「山河大運盡歸此道 其源極深其理甚遠」此是開闢之運開闢之理故也. 新乎天新乎地 人與物亦新乎矣.

이 세상 운수는 천지가 개벽하던 처음의 큰 운수를 회복한 것이니 세계 만물이 다시 포태의 수를 정치 않은 것이 없느니라. 경에 말씀하시기를 "산하의 큰 운수가 다 이 도에 돌아오니 그 근원이 가장 깊고 그 이치가 심히 멀도다" 하셨으니, 이것은 바로 개벽의 운이요 개벽의 이치이기 때문이니라. 새 한울 · 새 땅에 사람과 만물이 또한 새로워질 것이니라.

15-2. 萬年大一變 千年中一變 百年小一變 是天運也 千年大一變 百年中一變 十年小一變 是人事也.

만년에 대일변, 천년에 중일변, 백년에 소일변은 이것이 천운이요, 천년에 대일변, 백년에 중일변, 십년에 소일변은 이것이 인사이니라.

15-3. 盛而久則衰 衰以久則盛 明而久則暗 暗而久則明 盛衰明暗 是天道之運也, 興而後亡 亡而後興 吉而後兇 兇而後吉 興亡吉兇 是人道之運也.

성한 것이 오래면 쇠하고, 쇠한 것이 오래면 성하고, 밝은 것이 오래면 어둡고, 어두운 것이 오래면 밝나니 성쇠명암은 천도의 운이요, 홍한 뒤에는 망하고 망한 뒤에는 홍하고, 길한 뒤에는 흉하고 흉한 뒤에는 길하나니 홍망길흉은 인도의 운이니라.

15-4. 經曰「命其人貴賤之殊 定其人苦樂之理 然而君子之德 氣有正而心有定故 與天地合其德 小人之德 氣不正而心有移故 與天地違其命 此非盛衰之理耶」此天理人事符合之數也.

경에 말씀하시기를 "그 사람의 귀천의 다름을 명하고 그 사람의 고락의 이치를 정했으나, 그러나 군자의 덕은 기운이 바르고 마음이 정해져 있으므로 천지와 더불어 그 덕에 합하고 소인의 덕은 기운이 바르지 못하고 마음이 옮기므로 천지와 더불어 그 명에 어기나니, 이것이 성쇠의 이치가 아니겠는가" 하셨으니, 이것은 천리와 인사가 부합한 수이니라.

15-5. 春去春來花開花落 是變運也 寒來暑往萬物生成 是動運也 河一淸千年聖人復起 是天道人道 無窮之運也.

봄이 가고 봄이 옴에 꽃이 피고 꽃이 지는 것은 변하는 운이요, 추위가 오고 더위가 감에 만물이 나고 이루는 것은 동하는 운이요, 황하수가 천년에 한 번 맑음에 성인이 다시 나는 것은 천도와 인도의 무궁한 운이니라.

15-6. 世間萬物 有時顯有時用 月夜三更 萬物俱靜 日出東方群生皆動 新舊變遷天下皆動矣. 東風之化生非金風不成 金風吹時 萬物成實. 隨運而達德 察機而動作 事事有成矣. 變而化化而生生而盛盛而還元 動則生靜則沒矣.

세상 만물이 나타나는 때가 있고 쓰는 때가 있으니, 달밤 삼경에는 만물이 다 고요하고, 해가 동쪽에 솟으면 모든 생령이 다 움직이고, 새 것과 낡은 것이 변천함에 천하가 다 움직이는 것이니라. 동풍에 화생하여도 금풍(서풍)이 아니면 이루지 못하나니 금풍이 불 때에 만물이 결실하느니라. 운을 따라 덕에 달하고 시기를 살피어 움직이면 일마다 공을 이루리라. 변하여 화하고, 화하여 나고, 나서 성하고, 성하였다가 다시 근원으로 돌아가나니, 움직이면 사는 것이요 고요하면 죽는 것이니라.

15-7. 晝夜明暗一日之變 晦望盈虧一月之變 寒暑溫凉一年之變. 變而不變動而復靜 靜而復動是理氣之變動也 有時而變有時而動有時而靜 是自然之道也.

낮이 밝고 밤이 어두운 것은 하루의 변함이요, 보름에 차고 그믐에 이지러지는 것은 한 달의 변함이요, 춥고 덥고 따스하고 서늘한 것은 한 해의 변함이니라. 변하나 변치 아니하고, 움직이나 다시 고요하고, 고요하나 다시 움직이는 것은 이기의 변동이요, 때로 변하고 때로 움직이고 때로 고요한 것은 자연의 도이니라.

15-8. 先天生後天 先天之運生後天之運 運之變遷 道之變遷 同時出. 顯也故 運則 天皇氏始創之運也 道則天地開闢日月初明之道也 事則今不聞古不聞之事也 法則今不比古不比之法也.

선천이 후천을 낳았으니 선천 운이 후천 운을 낳은 것이라, 운의 변천과 도의 변천은 같은 때에 나타나는 것이니라. 그러므로 운인즉 천황씨가 새로 시작되는 운이요, 도인즉 천지가 개벽하여 일월이 처음으로 밝는 도요, 일인즉 금불문 고불문의 일이요, 법인즉 금불비 고불비의 법이니라.

15-9. 吾道之運 堯舜孔孟之聖材多出矣.

우리 도의 운수에 요순공맹의 성스러운 인물이 많이 나리라.

15-10. 吾道 回復天皇氏之根本大運也.

우리 도는 천황씨의 근본 큰 운수를 회복한 것이니라.

15-11. 天皇氏無爲化氣之根本 孰能知之. 知者鮮矣.

천황씨 무위화기의 근본을 누가 능히 알 수 있겠는가. 아는 이가 적으니라.

15-12. 人是天人 道是大先生主無極大道也.

사람은 한울 사람이요, 도는 대선생님의 무극대도니라.

15-13. 有運有信者一言而盡 不信天理者雖千言萬談 無可奈何也 一言而蔽之 都是在運數也.

운이 있고 믿음이 있는 이는 한번 말하면 다 알 수 있으나, 천리를 믿지 않는 자는 비록 천언만담을 할지라도 어쩔 수 없으니, 한 말로 하면 도시 운수에 있는 것이니라.

15-14. 雖有良田好畓 若不播種則 不得勃興 若不耘鋤則秋無所望矣.

아무리 좋은 논밭이 있어도 종자를 뿌리지 않으면 나지 않을 것이요, 만일 김매지 아니하면 가을에 바랄 것이 없느니라.

15-15. 此運 先於東方 東方木運故. 相撲則生火也.

이 운은 동방에서 먼저 시작한 것이니 동방은 목운이라. 그러므로 서로 부딪히면 불이 날 것이니라.

15-16. 斯世之運開闢之運矣. 天地不安 山川草木不安 江河魚鼈不安 飛禽走獸皆不安 唯獨人 暖衣飽食安逸求道乎. 先天後天之運 相交相替 理氣相戰 萬物皆戰 豈無人戰乎.

이 세상의 운수는 개벽의 운수라. 천지도 편안치 못하고, 산천초목도 편안치 못하고, 강물의 고기도 편안치 못하고, 나는 새 기는 짐승도 다 편안치 못하리니, 유독 사람만이 따스하게 입고 배부르게 먹으며 편안하게 도를 구하겠는가. 선천과 후천의 운이 서로 엇갈리어 이치와 기운이 서로 싸우는지라, 만물이 다 싸우니 어찌 사람의 싸움이 없겠는가.

15-17. 天地日月古今不變 運數大變 新舊不同. 新舊相替之時 舊政旣退 新政未佈 理氣不和之際 天下混亂矣. 當此時倫理道德自壞 人皆至於禽獸之群 豈非亂乎.

천지일월은 예와 이제의 변함이 없으나 운수는 크게 변하나니, 새것과 낡은 것이 같지 아니한지라. 새것과 낡은 것이 서로 갈아 드는 때에, 낡은 정치는 이미 물러가고 새 정치는 아직 펴지 못하여 이치와 기운이 고르지 못할 즈음에 천하가 혼란하리라. 이 때를 당하여 윤리 · 도덕이 자연히 무너지고 사람은 다 금수의 무리에 가까우리니, 어찌 난리가 아니겠는가.

15-18. 吾道創立於三絶之運故 國與民 皆未免此三絶之運也. 吾道生於吾國而 將吾國之運善矣乎. 由吾道之運而吾國內 英雄豪傑多出矣 派送於世界萬國而活動 獲得稱誦有形天也 活人佛也.

우리 도는 삼절운에 창립하였으므로 나라와 백성이 다 이 삼절운을 면치 못하리라. 우리 도는 우리나라에서 나서 장차 우리나라 운수를 좋게 할 것이라. 우리 도의 운수로 인하여 우리나라 안에 영웅호걸이 많이 날 것이니, 세계 각국에 파송하여 활동하면 형상 있는 한울님이요, 사람 살리는 부처라는 칭송을 얻을 것이니라.

15-19. 吾道人 目下之情 麥飯疎衣而修道 以後能居高樓巨閣而 食白飯着錦衣依坐錦布而修道矣.

우리 도인의 지금에 보는 정상으로는 보리밥에 거친 옷을 입고 도를 닦으나, 이 다음에는 능히 높고 큰 집에 살면서 쌀밥을 먹고 비단옷을 입고 좋은 자리에 앉아서 도를 닦으리라.

15-20. 今日入道者以白紙一束禮幣 日後則以錦緞禮幣矣 今日勸道則 人皆不信 日後則人皆謂願書於掌中侍天主呪文矣. 當此時 布德師派送于世界各國而 萬國自然樂天地也.

지금에 입도하는 사람들은 백지 한 권으로 예물을 드리나 일후에는 비단으로 예물을 드릴 것이요, 지금은 도를 권하면 사람들이 다 믿지 아니하나 일후에는 사람들이 다 손바닥에 시천주 주문을 써 달라고 할 것이니라. 이 때를 당하여 포덕사를 세계 각국에 파송하면 모든 나라가 자연히 천국이 되리라.

15-21. 我國之英雄豪傑人種之種 皆是萬國布德師出去後 只劣者留在本國 至劣者上才 道通人也.

우리나라의 영웅호걸은 인종의 종자니, 모두가 만국 포덕사로 나간 뒤에 제일 못난 이가 본국에 남아 있으리니, 지열자가 상재요 도통한 사람이니라.

15-22. 吾道至於中原布德之時 能達布德天下矣.

우리 도는 중국에 가서 포덕할 때가 되어야 포덕천하를 달성하리라.

15-23. 問曰「何是顯道乎.」神師曰「山皆變黑 路皆布錦之時也 萬國交易之時也」.

묻기를 "어느 때에 현도가 되겠습니까?"

신사 대답하시기를 "산이 다 검게 변하고 길에 다 비단을 펼 때요, 만국과 교역할 때이니라."

15-24. 問曰「何時如斯乎.」神師曰「時有其時 勿爲心急. 不待自然來矣 萬國兵馬 我國疆土內 到來而後退之時也」.

묻기를 "어느 때에 이같이 되겠습니까?"

신사 대답하시기를 "때는 그 때가 있으니 마음을 급히 하지 말라. 기다리지 아니하여도 자연히 오리니, 만국 병마가 우리나라 땅에 왔다가 후퇴하는 때이니라."

十六. 수도법(修道法)

16-1. 只誦呪而全不窮理則不可 但欲窮理而一不誦呪則亦不可 兩行兼全 暫不弛於慕仰如何.

주문만 외우고 이치를 생각지 않아도 옳지 않고, 다만 이치를 연구하고자 하여 한 번도 주문을 외우지 않아도 또한 옳지 아니하니, 두 가지를 겸전하여 잠깐이라도 모앙하는 마음을 늦추지 않는 것이 어떠할꼬.

16-2. 我是天天是我也 我與天都是一體也. 然而氣不正而心有移故 違其命 氣有正而心有定故 合其德 道之成不成 都在於氣心之正如何矣.

내가 바로 한울이요 한울이 바로 나니, 나와 한울은 도시 일체이니라. 그러나 기운이 바르지 못하고 마음이 옮기므로 그 명에 어기고, 기운이 바르고 마음이 정해져 있으므로 그 덕에 합하나니, 도를 이루고 이루지 못하는 것이 전부 기운과 마음이 바르고 바르지 못한데 있는 것이니라.

16-3. 明德命道四字 天人成形之根本也 誠敬畏心四字 成物後克復赤子心之路程節次也 詳察八節如何.

명덕명도 네 글자는 한울과 사람이 형상을 이룬 근본이요, 성경외심 네 글자는 물체(몸)를 이룬 뒤에 다시 갓난아이의 마음을 회복하는 노정 절차니, 자세히 팔절을 살피는 것이 어떠할꼬.

「遠不求而修我」我也　“멀리 구하지 말고 나를 닦으라” 한 것도 나요,

「送余心於其地」我也　“내 마음을 그 땅에 보내라” 한 것도 나요,

「料吾身之化生」我也　“내 몸의 화해 난 것을 헤아리라” 한 것도 나요,

「欲言浩而難言」我也　“말하고자 하나 넓어서 말하기 어려우니라” 한 것도 나요,

「顧吾心之明明」我也　“내 마음의 밝고밝음을 돌아보라” 한 것도 나요,

「理杳然於授受」我也　“이치가 주고받는 데 묘연하니라” 한 것도 나요,

「度吾信之一如」我也　“나의 믿음이 한결같은가 헤아리라” 한 것도 나요,

「我爲我而非他」我也　“내가 나를 위하는 것이요 다른 것이 아니니라” 한 것도 나니,

我外豈有他天乎. 故「人是天人」也.　나밖에 어찌 다른 한울이 있겠는가. 그러므로 말씀하시기를 “사람이 바로 한울사람이라” 하신 것이니라.

16-4. 然則 我與天都是一氣一體也 除去物慾透得道理則 至大至天至化至氣至於至聖 摠是我也.

그러면 나와 한울이 도시 한 기운 한 몸이라, 물욕을 제거하고 도리를 환하게 깨달으면 지극히 큰 지극한 한울이 지기와 지극히 화하

여 지극한 성인에 이르는 것이 도무지 나이니라.

16-5. 誠敬畏心對人接物萬事天也 至化至氣至於至聖之節次路程也.

성경외심과 대인접물은 모든 일의 한울이니, 지기와 지극히 화하여 지극한 성인에 이르는 절차 노정이니라.

16-6. 此則斷無他論 是亦我言耄 惟聖之訓也 惟我僉君子 明辨力行踐履眞天共成大道之大願.

이러하면 결코 다른 말이 없고, 이 또한 내 말이 노망 같으나 오직 성인의 가르치신 것이니, 여러분은 밝게 분별하고 힘써 행하여 참된 한울의 이치를 실천하여 다같이 대도 이루기를 크게 원하노라.

十七. 부화부순(夫和婦順)

17-1. 夫和婦順吾道之第一宗旨也.

부화부순은 우리 도의 제일 종지니라.

17-2. 道之通不通 都是在 內外和不和. 內外和順則天地安樂父母喜悅 內外不和則天大惡之 父母震怒矣 父母震怒卽天地之震怒也.

도를 통하고 통하지 못하는 것이 도무지 내외가 화순하고 화순치 못하는 데 있느니라. 내외가 화순하면 천지가 안락하고 부모도 기뻐하며, 내외가 불화하면 한울이 크게 싫어하고 부모가 노하나니,

부모의 진노는 곧 천지의 진노이니라.

17-3. 天地安樂之微妙難見 震怒之象當場易見 大惶大悚也. 夫婦和順則天必感應 一年三百六十日 如一朝過之矣.

천지가 편안하고 즐거워하는 미묘한 것은 보기 어려우나, 진노하는 형상은 당장에 보기 쉬우니, 크게 두렵고 두렵도다. 부부가 화순하면 한울이 반드시 감응하여 일년 삼백육십일을 하루아침같이 지내리라.

17-4. 婦人一家之主也. 敬天也 奉祀也 接賓也 製衣也 調食也 生產也 布織也 皆莫非必由於婦人之手中也.

부인은 한 집안의 주인이니라. 한울을 공경하는 것과 제사를 받드는 것과 손님을 접대하는 것과 옷을 만드는 것과 음식을 만드는 것과 아이를 낳아서 기르는 것과 베를 짜는 것이 다 반드시 부인의 손이 닿지 않는 것이 없느니라.

17-5. 男乾女坤 男女不和則天地丕塞 男女和合則天地泰和矣 夫婦卽天地者 此之謂也.

남자는 한울이요 여자는 땅이니, 남녀가 화합치 못하면 천지가 막히고, 남녀가 화합하면 천지가 크게 화하리니, 부부가 곧 천지란 이를 말한 것이니라.

17-6. 婦人不敏 雖日用三牲之養 天必不應也. 夫婦不和子孫零落.

부인이 불민하면 아무리 날마다 세 가지 짐승(소 · 양 · 돼지)으로 봉양할지라도 한울이 반드시 감응치 아니하리라. 부부가 화합치 못하면 자손이 보잘것없이 되느니라.

17-7. 女人偏性 其或生性 爲其夫者盡心盡誠拜之. 一拜二拜 溫言順辭勿加怒氣 雖盜跖之惡 必入於化育之中 如是拜如是拜.

여자는 편성이라, 혹 성을 내더라도 그 남편된 이가 마음과 정성을 다하여 절을 하라. 한 번 절하고 두 번 절하며 온순한 말로 성내지 않으면, 비록 도척의 악이라도 반드시 화할 것이니, 이렇게 절하고 이렇게 절하라.

十八. 부인수도(婦人修道)

18-1. 問曰「吾道之內 婦人修道奬勵是何故也.」神師曰「婦人家之主也. 爲飮食 製衣服 育嬰兒 待賓奉祀之役 婦人堪當矣 主婦若無誠而俱食則 天必不感應 無誠而育兒則兒必不充實 婦人修道吾道之大本也. 自此以後婦人道通者多出矣. 此一男九女而比之運也 過去之時婦人壓迫 當今此運 婦人道通 活人者亦多矣 此人皆是母之胞胎中生長者如也.」

묻기를 "우리 도 안에서 부인 수도를 장려하는 것은 무슨 연고입니까." 신사 대답하시기를 "부인은 한 집안의 주인이니라. 음식을 만들고, 의복을 짓고, 아이를 기르고, 손님을 대접하고, 제사를 받드는 일을 부인이 감당하니, 주부가 만일 정성없이 음식을 갖추면 한울이 반드시 감응치 아니하는 것이요, 정성없이 아이를 기르면 아이가 반드시 충실치 못하나니, 부인 수도는 우리 도의 근본이니라. 이제로부터 부인 도통이 많이 나리라. 이것은 일남구녀를 비한 운이니, 지난 때에는 부인을 압박하였으나 지금 이 운을 당하여서는 부인 도통으로 사람 살리는 이가 많으리니, 이것은 사람이 다 어머니의 포태 속에서 나서 자라는 것과 같으니라."

十九. 향아설위(向我設位)

19-1. 神師問曰「奉祀之時 向壁設位可乎 向我設位可乎.」孫秉熙答曰「向我設位可也.」

신사 물으시기를 "제사 지낼 때에 벽을 향하여 위를 베푸는 것이 옳으냐, 나를 향하여 위를 베푸는 것이 옳으냐." 손병희 대답하기를 "나를 향하여 위를 베푸는 것이 옳습니다."

19-2. 神師曰「然矣. 自此以後 向我設位可也. 然則奉祀之物 準備時或有急遽拿食則 再備奉祀可乎 其然奉祀可乎.」孫天民答曰「其然奉祀可也.」

신사 말씀하시기를 "그러하니라. 이제부터는 나를 향하여 위를 베푸는 것이 옳으니라. 그러면 제물을 차릴 때에 혹 급하게 집어 먹었다면, 다시 차려서 제사를 지내는 것이 옳겠느냐 그대로 지내도 옳겠느냐." 손천민이 대답하기를 "그대로 제사를 지내는 것이 옳겠습니다."

19-3. 神師曰「爾等 每食告之時 天主感應之情 有時見乎.」金演國答曰「未見也.」

신사 말씀하시기를 "너희들은 매번 식고할 때에 한울님 감응하시는 정을 본 때가 있느냐." 김연국이 대답하기를 "보지 못하였습니다."

19-4. 神師曰「然則天主不感應之情 或有見乎. 人皆以侍天主之靈氣生活者也 人之欲食之念 卽天主感應之心也 欲食之氣卽天主感應之氣也 人之甘食 是天主感應之情也 人之無欲食之念 是天主不感應之理也. 人有侍天主之靈氣則 生者也 不然則死者也. 屍體之口而奠一匙飯以待之 不能食一粒之飯 此天主旣離於人之體內也故. 不能發食念食氣也 此天主不能感應之理也.」

신사 말씀하시기를 "그러면 한울님께서 감응하시지 않는 정은 혹 본 일이 있느냐. 사람은 다 모신 한울님의 영기로 사는 것이니, 사람의 먹고 싶어하는 생각이 곧 한울님이 감응하시는 마음이요, 먹고 싶은 기운이 곧 한울님이 감응하시는 기운이요, 사람이 맛나게 먹는 것이 이것이 한울님이 감응하시는 정이요, 사람이 먹고 싶은 생각이 없는 것이 바로 한울님이 감응하시지 않는 이치니라. 사람이 모신 한울님의 영기가 있으면 산 것이요, 그렇지 아니하면 죽은 것이니라. 죽은 사람 입에 한 숟갈 밥을 드리고 기다려도 능히 한 알 밥이라도 먹지 못하는 것이니 이는 한울님이 이미 사람의 몸 안에서 떠난 것이니라. 그러므로 능히 먹을 생각과 먹을 기운을 내지 못하는 것이니, 이것은 한울님이 능히 감응하시지 않는 이치니라."

19-5. 又曰「奉祀之時 幾代先祖奉祀乎.」金演國答曰「普通 四代祖奉祀而以上則 每年春秋時享而已.」

또 말씀하시기를 "제사 지낼 때에 몇 대조까지 제사를 받드느냐." 김연국이 대답하기를 "보통 사대조까지 제사를 받들고 그 이상은 매년 봄과 가을에 시향을 베풀 따름입니다."

19-6. 又曰「時享 爲幾代祖乎.」答曰「不過二十代內外而 以上則不知也.」

또 말씀하시기를 "시향은 몇 대조까지 하느냐." 대답하기를 "이십대 안팎을 지나지 아니하오며 그 이상은 알 수 없습니다."

19-7. 神師曰「遡及於二十代或三十代則 必有始祖矣 始祖之靈 不奉乎. 人皆有父母矣 自父母而遡及於始祖則 始祖孰能產耶. 自古以來天生萬民云 始祖之父母 是天主也. 是故 侍天奉天卽奉始祖也 父母奉祀之時 致以極誠而可當也 時間午正以施爲可也.」

신사 말씀하시기를 "이십대나 삼십대를 거슬러 올라가면 반드시 첫 조상이 있으리니 첫 조상의 영은 받들지 않느냐. 사람은 다 부모가 있으리니 부모로부터 처음 할아버지에게 거슬러 올라가면 첫 할아버지는 누가 능히 낳았겠느냐. 예로부터 한울이 만백성을 낳았다 말하나니, 첫 할아버지의 부모는 한울님이시니라. 그러므로 한울을 모시고 한울을 받드는 것은 곧 첫 할아버지를 받드는 것이니 부모의 제사를 지낼 때에 지극한 정성을 다하는 것이 마땅하며, 시간은 정오에 베푸는 것이 옳으니라."

19-8. 任奎鎬問曰「向我設位之理 是何故也.」神師曰「我之父母 自始祖以至於幾萬代 繼承血氣而至我也 又父母之心靈 自天主幾萬代繼承而至我也 父母之死後血氣 存遺於我也 心靈與精神 存遺於我也. 故奉祀設位爲其子孫而本位也 平時食事樣 設位以後 致極誠心告 父母生存時教訓 遺業之情 思而誓之可也.」

임규호 묻기를 "나를 향하여 위를 베푸는 이치는 어떤 연고입니까?" 신사 대답하시기를 "나의 부모는 첫 조상으로부터 몇만 대에 이르도록 혈기를 계승하여 나에게 이른 것이요, 또 부모의 심령은 한울님으로부터 몇만 대를 이어 나에게 이른 것이니 부모가 죽은 뒤에도 혈기는 나에게 남아 있는 것이요, 심령과 정신도 나에게 남아 있는 것이니라. 그러므로 제사를 받들고 위를 베푸는 것은 그 자손을 위하는 것이 본위이니, 평상시에 식사를 하듯이 위를 베푼 뒤에 지극한 정성을 다하여 심고하고, 부모가 살아계실 때의 교훈과 남기신 사업의 뜻을 생각하면서 맹세하는 것이 옳으니라."

19-9. 房時學問曰「奉祀之時 拜禮如何乎.」神師曰「以心爲拜可也.」

방시학이 묻기를 "제사 지낼 때에 절하는 예는 어떻게 합니까."

신사 대답하시기를 "마음으로써 절하는 것이 옳으니라."

19-10. 又問曰「祭需喪服如何可也.」神師曰「萬般陣需 非爲精誠 但淸水一器 極誠致誠可也. 祭需之時莫論價格之高廉 莫論物品之多寡. 臨致祭之期 勿見凶色 勿聽淫聲 勿發惡言 勿爲爭論爭奪. 若然之則不致祭而亦可也. 不要屈巾祭服 以常平服而至誠可也. 父母死後着屈巾祭服而 忘其父母之意 出入於酒色雜技之場則 豈可謂致誠也哉.」

또 묻기를 "제물 차리는 것과 상복은 어떻게 하는 것이 옳습니까." 신사 대답하시기를 "만가지를 차리어 벌려 놓는 것이 정성이 되는 것이 아니요, 다만 청수 한 그릇이라도 지극한 정성을 다하는 것이 옳으니라. 제물을 차릴 때에 값이 비싸고 싼 것을 말하지 말고, 물품이 많고 적은 것을 말하지 말라. 제사지낼 시기에 이르러 흉한 빛을 보지 말고, 음란한 소리를 듣지 말고, 나쁜 말을 하지 말고, 서로 다투고 물건 빼앗기를 하지 말라. 만일 그렇게 하면 제사를 지내지 않는 것이 옳으니라. 굴건과 제복이 필요치 않고 평상시에 입던 옷을 입더라도 지극한 정성이 옳으니라. 부모가 돌아가신 뒤에 굴건을 쓰고 제복을 입고라도, 그 부모의 뜻을 잊어버리고 주색과 잡기판에 나들면, 어찌 가히 정성을 다했다고 말하겠는가."

19-11. 趙在壁問曰「喪期如何而可也.」神師曰「心喪百年可也. 天地父母爲之食告曰 心喪百年 人之居生時 不忘父母之念 此是 永世不忘也 天地父母四字守之 謂其萬古事蹟分明也.」

조재벽이 묻기를 "상기는 어떻게 하는 것이 옳습니까?" 신사 대답하시기를 "마음으로 백년상이 옳으니라. 천지부모를 위하는 식고가 마음의 백년상이니, 사람이 살아 있을 때에 부모의 생각을 잊지 않는 것이 영세불망이요, 천지부모 네 글자를 지키는 것이 만고사적 분명하다라고 말하는 것이니라."

二十. 용시용활(用時用活)

20-1. 대저 道는 用時用活하는 데 있나니 때와 짝하여 나아가지 못하면 이는 死物과 다름이 없으리라. 하물며 우리 道는 五萬年의 未來를 表準함에 있어, 앞서 때를 짓고 때를 쓰지 아니하면 안 될 것은 先師의 가르치신 바라. 그러므로 내 이 뜻을 後世萬代에 보이기 爲하여 特別히 내 이름을 고쳐 盟誓코자 하노라.

대저 도는 때를 쓰고 활용하는 데 있나니 때와 짝하여 나아가지 못하면 이는 죽은 물건과 다름이 없으리라. 하물며 우리 도는 오만 년의 미래를 표준함에 있어, 앞서 때를 짓고 때를 쓰지 아니하면 안 될 것은 돌아가신 스승님께서 가르치신 바라. 그러므로 내 이 뜻을 후세만대에 보이기 위하여 특별히 내 이름을 고쳐 맹세코자 하노라.

二十一. 삼경(三敬)

21-1. 사람은 첫째로 敬天을 하지 아니치 못할지니, 이것이 先師의 創明하신 道法이라. 敬天의 原理를 모르는 사람은 眞理를 사랑할 줄 모르는 사람이니, 왜 그러냐 하면 한울은 眞理의 衷을 잡은 것임으로써이다. 그러나 敬天은 결단코 虛空을 向하여 上帝를 恭敬한다는 것이 아니요, 내 마음을 恭敬함이 곧 敬天의 道를 바르게 하는 길이니, 「吾心不敬이 卽 天地不敬이라」 함은 이를 이름이었다. 사람은 敬天함으로써 自己의 永生을 알게 될 것이요, 敬天함으로써 人吾同胞 物吾同胞의 全的理諦를 깨달을 것이요, 敬天함으로써 남을 爲하여 犧牲하는 마음, 世上을 爲하여 義務를 다할 마음이 생길 수 있나니, 그러므로 敬天은 모든 眞理의 中樞를 把持함이니라.

사람은 첫째로 한울을 공경하지 아니치 못할지니, 이것이 돌아가신 스승님께서 처음 밝히신 도법이라. 한울을 공경하는 원리를 모르는 사람은 진리를 사랑할 줄 모르는 사람이니, 왜 그러냐 하면 한울은 진리의 중심을 잡은 것임으로써이다. 그러나 한울을 공경함은 결단코 빈 공중을 향하여 상제를 공경한다는 것이 아니요, 내 마음을 공경함이 곧 한울을 공경하는 도를 바르게 아는 길이니, "내 마음을 공경치 않는 것이 곧 천지를 공경치 않는 것이라" 함은 이를 이름이었다. 사람은 한울을 공경함으로써 자기의 영원한 생명을 알게 될 것이요, 한울을 공경함으로써 모든 사람과 만물이 다 나의 동포라는 전체의 진리를 깨달을 것이요, 한울을 공경함으로써 남을 위하여 희생하는 마음과 세상을 위하여 의무를 다할 마음이 생길 수 있나니, 그러므로 한울을 공경함은 모든 진리의 중심이 되는 부분을 움켜잡는 것이니라.

21-2. 둘째는 敬人이니 敬天은 敬人의 行爲에 의지하여 事實로 그 效果가 나타나는 것이다. 敬天만 있고 敬人이 없으면 이는 農事의 理致는 알되 實地로 種子를 땅에 뿌리지 않는 行爲와 같으니, 道닦는 자 사람을 섬기되 한울과 같이 한 후에야 처음으로 바르게 道를 實行하는 者니라. 道家에 사람이 오거든 사람이 왔다 이르지 말고 한울님이 降臨하였다 이르라 하였으니, 사람을 恭敬치 하니하고 鬼神을 恭敬하여 무슨 實效가 있겠느냐. 愚俗에 鬼神을 恭敬할 줄은 알되 사람은 賤待하나니, 이것은 죽은 父母의 魂은 恭敬하되 산 父母는 賤待함과 같으니라. 한울이 사람을 떠나 別로 있지 않는지라, 사람을 버리고 한울을 恭敬한다는 것은 물을 버리고 解渴을 求하는 자와 같으니라.

둘째는 사람을 공경함이니 한울을 공경함은 사람을 공경하는 행위에 의지하여 사실로 그 효과가 나타나는 것이니라. 한울만 공경하고 사람을 공경함이 없으면 이는 농사의 이치는 알되 실지로 종자를 땅에 뿌리지 않는 행위와 같으니, 도 닦는 사람이 사람을 섬기되 한울과 같이 한 후에야 처음으로 바르게 도를 실행하는 사람이니라. 도인 집에 사람이 오거든 사람이 왔다 이르지 말고 한울님이 강림하셨다 이르라 하셨으니, 사람을 공경치 아니하고 귀신을 공경하여 무슨 실효가 있겠느냐. 어리석은 풍속에 귀신을 공경할 줄은 알되 사람은 천대하나니, 이것은 죽은 부모의 혼은 공경하되 산 부모는 천대함과 같으니라. 한울이 사람을 떠나 따로 있지 않는지라, 사람을 버리고 한울을 공경한다는 것은 물을 버리고 해갈을 구하는 자와 같으니라.

21-3. 셋째는 敬物이니 사람은 사람을 恭敬함으로써 道德의 極致가 되지 못하고, 나아가 物을 恭敬함에까지 이르러야 天地氣化의 德에 合一될 수 있나니라.

셋째는 물건을 공경함이니 사람은 사람을 공경함으로써 도덕의 최고 경지가 되지 못하고, 나아가 물건을 공경함에까지 이르러야 천지기화의 덕에 합일될 수 있느니라.

二十二. 천어(天語)

22-1. 내 恒常 말할 때에 天語를 이야기하였으나 天語가 어찌 따로 있으리오. 人語가 곧 天語이며 鳥聲도 亦是 侍天主의 聲이니라. 그러면 天語와 人語의 區別은 어디서 分別되는 것이냐 하면, 天語는 大概 降話로 나오는 말을 이름인데 降話는 사람의 私慾과 感情으로 생기는 것이 아니요, 公理와 天心에서 나오는 것을 가리킴이니, 말이 理에 合하고 道에 通한다 하면 어느 것이 天語 아님이 있겠느냐.

내 항상 말할 때에 한울님 말씀을 이야기하였으나 한울님 말씀이 어찌 따로 있으리오. 사람의 말이 곧 한울님 말씀이며 새소리도 역시 시천주의 소리이니라. 그러면 한울님 말씀과 사람의 말의 구별은 어디서 분별되는 것이냐 하면, 한울님 말씀은 대개 강화로 나오는 말을 이름인데 강화는 사람의 사사로운 욕심과 감정으로 생기는 것이 아니요, 공변된 진리와 한울님 마음에서 나오는 것을 가리킴이니, 말이 이치에 합하고 도에 통한다 하면 어느 것이 한울님 말씀 아님이 있겠느냐.

二十三. 이심치심(以心治心)

23-1. 내 恒常 天語와 人語의 區別을 말하였거니와, 以心治心도 또한 이 理致에서 생긴 것이라. 사람의 마음에 어찌 두 가지 뿌리가 있으리오. 다만 마음은 하나이지마는 그 用에 있어 하나는 以心이 되고 하나는 治心이 되나니, 以心은 天心이요 治心은 人心이니라. 譬컨대 同一한 火로되 그 用에 依하여 善惡이 생기고, 同一한 水로되 其用에 依하여 利害가 다름과 같이, 同一한 心이로되 心이 理에 合하여 心和氣和가 되면 天心을 거느리게 되고, 心이 感情에 흐르면 狹隘窘迫하여 모든 惡德이 이로 생기는 것이니라. 그러므로 道닦는 者 以心으로써 恒常 治心을 抑制하여 御者가 勇馬를 善御함과 같이 그 用에 宜하면, 禍轉하여 福이 되고 災變하여 祥瑞가 될 수 있나니라.

내 항상 한울님 말씀과 사람의 말의 구별을 말하였거니와, 마음으로써 마음을 다스림도 또한 이 이치에서 생긴 것이라. 사람의 마음에 어찌 두 가지 뿌리가 있으리오. 다만 마음은 하나이지마는 그 씀에 있어 하나는 이심이 되고 하나는 치심이 되나니, 이심은 한울님 마음이요 치심은 사람의 마음이니라. 비유하건대 같은 불이로되 그 씀에 의하여 선악이 생기고, 같은 물이로되 그 씀에 의하여 이해가 다름과 같이, 같은 마음이로되 마음이 이치에 합하여 마음이 화하고 기운이 화하게 되면 한울님 마음을 거느리게 되고, 마음이 감정에 흐르면 마음이 너그럽지 못하고 좁아 몹시 군색하여 모든 악한 행위가 여기서 생기는 것이니라. 그러므로 도 닦는 자 이심으로써 항상 치심을 억제하여, 마차 부리는 사람이 용마를 잘 거느림과 같이 그 씀이 옳으면, 화가 바뀌어 복이 되고 재앙이 변하여 경사롭고 길하게 될 수 있느니라.

二十四. 이천식천(以天食天)

24-1. 내 恒常 말할 때에 物物天이요 事事天이라 하였나니, 萬若 이 理致를 是認한다면 物物이 다 以天食天 아님이 없을지니, 以天食天은 어찌 생각하면 理에 相合치 않음과 같으나, 그러나 이것은 人心의 偏見으로 보는 말이요, 萬一 한울 全體로 본다 하면 한울이 한울 全體를 키우기 爲하여 同質이 된 자는 相互扶助로써 서로 氣化를 이루게 하고, 異質이 된 者는 以天食天으로써 서로 氣化를 通하게 하

는 것이니, 그러므로 한울은 一面에서 同質的氣化로 種屬을 養케 하고 一面에서 異質的氣化로써 種屬과 種屬의 連帶的 成長發展을 圖謀하는 것이니, 總히 말하면 以天食天은 곧 한울의 氣化作用으로 볼 수 있는데, 大神師께서 侍字를 解義할 때에 內有神靈이라 함은 한울을 이름이요, 外有氣化라 함은 以天食天을 말한 것이니 至妙한 天地의 妙法이 도무지 氣化에 있느니라.

내 항상 말할 때에 물건마다 한울이요 일마다 한울이라 하였나니, 만약 이 이치를 옳다고 인정한다면 모든 물건이 다 한울로써 한울을 먹는 것 아님이 없을지니, 한울로써 한울을 먹는 것은 어찌 생각하면 이치에 서로 맞지 않는 것 같으나, 그러나 이것은 사람의 마음이 한쪽으로 치우쳐서 보는 말이요, 만일 한울 전체로 본다면 한울이 한울 전체를 키우기 위하여 같은 바탕이 된 자는 서로 도와줌으로써 서로 기운이 화함을 이루게 하고, 다른 바탕이 된 자는 한울로써 한울을 먹는 것으로써 서로 기운이 화함을 통하게 하는 것이니, 그러므로 한울은 한쪽 편에서 동질적 기화로 종속을 기르게 하고 한쪽 편에서 이질적 기화로써 종속과 종속의 서로 연결된 성장발전을 도모하는 것이니, 합하여 말하면 한울로써 한울을 먹는 것은 곧 한울의 기화작용으로 볼 수 있는데, 대신사께서 모실 시자의 뜻을 풀어 밝히실 때에 안에 신령이 있다 함은 한울을 이름이요, 밖에 기화가 있다 함은 한울로써 한울을 먹는 것을 말씀한 것이니 지극히 묘한 천지의 묘법이 도무지 기운이 화하는 데 있느니라.

二十五. 양천주(養天主)

25-1. 한울을 養할 줄 아는 者라야 한울을 모실 줄 아느니라. 한울이 내 마음속에 있음이 마치 種子의 生命이 種子 속에 있음과 같으니, 種子를 땅에 심어 그 生命을 養하는 것과 같이 사람의 마음은 道에 依하여 한울을 養하게 되는 것이라. 같은 사람으로도 한울이 있는 것을 알지 못하는 것은 이는 種子를 물속에 던져 그 生命을 滅亡케 함과 같아서, 그러한 사람에게는 終身토록 한울을 모르고 살 수 있나니, 오직 한울을 養한 자에게 한울이 있고 養치 않는 者에게는 한울이 없나니, 보지 않느냐, 種子를 심지 않은 者 누가 穀食을 얻는다고 하더냐.

한울을 양할 줄 아는 사람이라야 한울을 모실 줄 아느니라. 한울이 내 마음속에 있음이 마치 종자의 생명이 종자 속에 있음과 같으니, 종자를 땅에 심어 그 생명을 기르는 것과 같이 사람의 마음은 도에 의하여 한울을 양하게 되는 것이라. 같은 사람으로도 한울이 있는 것을 알지 못하는 것은 이는 종자를 물속에 던져 그 생명을 멸망케 함과 같아서, 그러한 사람에게는 한평생을 마치도록 한울을 모르고 살 수 있나니 오직 한울을 양한 사람에게 한울이 있고, 양치 않는 사람에게는 한울이 없나니, 보지 않느냐, 종자를 심지 않는 자 누가 곡식을 얻는다고 하더냐.

二十六. 내수도문(內修道文)

26-1. 부모님께 효를 극진히 하오며, 남편을 극진히 공경하오며, 내 자식과 며느리를 극진히 사랑하오며, 하인을 내 자식과 같이 여기며, 육축(六畜)이라도 다 아끼며, 나무라도 생순을 꺾지 말며, 부모님 분노하시거든 성품을 거스르지 말며 웃고, 어린 자식 치지 말고 울리지 마옵소서. 어린아이도 한울님을 모셨으니 아이 치는 것이 곧 한울님을 치는 것이오니, 천리를 모르고 일행 아이를 치면 그 아이가 곧 죽을 것이니 부디 집안에 큰 소리를 내지 말고 화순하기만 힘쓰옵소서. 이같이 한울님을 공경하고 효성하오면 한울님이 좋아하시고 복을 주시나니, 부디 한울님을 극진히 공경하옵소서.

26-2. 가신 물이나 아무 물이나 땅에 부을 때에 멀리 뿌리지 말며, 가래침을 멀리 뱉지 말며, 코를 멀리 풀지 말며, 침과 코가 땅에 떨어지거든 닦아 없이하고, 또한 침을 멀리 뱉고, 코를 멀리 풀고, 물을 멀리 뿌리면 곧 천지부모님 얼굴에 뱉는 것이니 부디 그리 아시고 조심하옵소서.

26-3. 잘 때에 "잡니다" 고하고, 일어날 때에 "일어납니다" 고하고, 물 길러 갈 때에 "물 길러 갑니다" 고하고, 방아 찧으러 갈 때에 "방아 찧으러 갑니다" 고하고, 정하게 다 찧은 후에 "몇 말 몇 되 찧었더니 쌀 몇 말 몇 되 났습니다" 고하고, 쌀 그릇에 넣을 때에 "쌀 몇 말 몇 되 넣습니다" 고하옵소서.

26-4. 먹던 밥 새 밥에 섞지 말고, 먹던 국 새 국에 섞지 말고, 먹던 침채 새 침채에 섞지 말고, 먹던 반찬 새 반찬에 섞지 말고, 먹던 밥과 국과 침채와 장과 반찬 등절은 따로 두었다가 시장하거든 먹되, 고하지 말고 그저 "먹습니다" 하옵소서.

26-5. 조석할 때에 새 물에다 쌀 다섯 번 씻어 안치고, 밥해서 풀 때에 국이나 장이나 침채나 한 그릇 놓고 고하옵소서.

26-6. 금 난 그릇에 먹지 말고, 이 빠진 그릇에 먹지 말고, 살생하지 말고, 삼시를 부모님 제사와 같이 받드옵소서.

26-7. 일갓집이나 남의 집이나 무슨 볼일 있어 가거든 "무슨 볼일 있어 갑니다" 고하고, 볼일 보고 집에 올 때에 "무슨 볼일 보고 집에 갑니다" 고하고, 일가나 남이나 무엇이든지 줄 때에 "아무것 줍니다" 고하고, 일가나 남이나 무엇이든지 주거든 "아무것 받습니다" 고하옵소서.

26-8. 이 칠조목을 하나도 잊지 말고 매매사사를 다 한울님께 고하오면, 병과 윤감(輪感)을 아니하고, 악질과 장학(瘴瘧)을 아니하오며, 별복(鼈腹)과 초학(初瘧)을 아니하오며, 간질(癎疾)과 풍병(風病)이라도 다 나으리니, 부디 정성하고 공경하고 믿어 하옵소서. 병도 나으려니와 위선 대도를 속히 통할 것이니, 그리 알고 진심 봉행하옵소서.

二十七. 내칙(內則)

27-1. 포태하거든 육종(肉種)을 먹지 말며, 해어(海魚)도 먹지 말며, 논의 우렁도 먹지 말며, 거렁의 가재도 먹지 말며, 고기 냄새도 맡지 말며, 무론 아무 고기라도 먹으면 그 고기 기운을 따라 사람이 나면 모질고 탁하니, 일삭이 되거든 기운 자리에 앉지 말며, 잘 때에 반듯이 자고, 모로 눕지 말며, 침채와 채소와 떡이라도 기울게 썰어 먹지 말며, 울 새 터논 데로 다니지 말며, 남의 말 하지 말며, 무거운 것 들지 말며, 무거운 것 이지 말며, 가벼운 것이라도 무거운 듯이 들며, 방아찧을 때에 너무 되게도 찧지 말며, 급하게도 먹지 말며, 너무 찬 음식도 먹지 말며, 너무 뜨거운 음식도 먹지 말며, 기대 앉지 말며, 비껴서지 말며, 남의 눈을 속이지 말라.

27-2. 이같이 아니 말면 사람이 나서 요사(夭死)도 하고, 횡사(橫死)도 하고, 조사(早死)도 하고, 병신도 되나니, 이 여러가지 경계하신 말씀을 잊지 말고 이같이 십삭을 공경하고 믿어하고 조심하오면 사람이 나서 체도도 바르고 총명도 하고 지국과 재기(才技)가 옳게 날 것이니, 부디 그리 알고 각별 조심하옵소서.

27-3. 이대로만 시행하시면 문왕 같은 성인과 공자 같은 성인을 낳을 것이니, 그리 알고 수도를 지성으로 하옵소서.

27-4. 이 내칙과 내수도하는 법문을 침상 가에 던져 두지 말고, 조

용하고 한가한 때를 타서 수도하시는 부인에게 외워 드려, 뼈에 새기고 마음에 지니게 하옵소서.

27-5. 천지조화가 다 이 내칙과 내수도 두 편에 들었으니, 부디 범연히 보지 말고 이대로만 밟아 봉행하옵소서.

二十八. 십무천(十毋天)

1. 毋欺天하라. 한울님을 속이지 말라.
2. 毋慢天하라. 한울님을 거만하게 대하지 말라.
3. 毋傷天하라. 한울님을 상하게 하지 말라.
4. 毋亂天하라. 한울님을 어지럽게 하지 말라.
5. 毋夭天하라. 한울님을 일찍 죽게 하지 말라.
6. 毋汚天하라. 한울님을 더럽히지 말라.
7. 毋餒天하라. 한울님을 주리게 하지 말라.
8. 毋壞天하라. 한울님을 허물어지게 하지 말라.
9. 毋厭天하라. 한울님을 싫어하게 하지 말라.
10. 毋屈天하라. 한울님을 굴하게 하지 말라.

二十九. 임사실천십개조(臨事實踐十個條)

1. 明倫理하라.　윤리를 밝히라.
2. 守信義하라.　신의를 지키라.
3. 勤業務하라.　업무에 부지런하라.
4. 臨事至公하라.　일에 임하여 지극히 공정하라.
5. 貧窮相恤하라.　빈궁한 사람을 서로 생각하라.
6. 男女嚴別하라.　남녀를 엄하게 분별하라.
7. 重禮法하라.　예법을 중히 여기라.
8. 正淵源하라.　연원을 바르게 하라.
9. 講眞理하라.　진리를 익히고 연구하라.
10. 禁淆雜하라.　어지럽고 복잡한 것을 금하라.

三十. 명심수덕(明心修德)

30-1. 曰太古兮天皇氏 我先師自比之意也 山上有水 吾敎道統之淵源也. 知此玄機眞理然後 有以知開闢之運無極之道矣.

말씀하시되 태고에 천황씨는 우리 스승께서 스스로 비교한 뜻이요, 산 위에 물이 있는 것은 우리 교 도통의 연원이라. 이러한 현기와 진리를 안 연후에 개벽의 운과 무극의 도를 알 것이라.

30-2. 嗟乎 樹無無根之樹 水無無源之水 物猶如是 矧茲曠前絶後五

萬年初創之道運乎. 以余不敏荷蒙薰陶傳鉢之恩 迄今三十有餘年 備嘗艱險屢經困厄 斯門正脈 庶幾回漓反淳 去駁就粹 而湖海風霜 形影敻阻 或有半途之廢 亦多一簣之虧 良庸慨然. 盖吾道進行之誠否 唯在於內修道之善否. 傳曰「唯天無親克敬唯親.」又曰「刑于寡妻以御于家邦」然則克敬克誠於內修道 豈非吾道之大關鍵乎.

슬프다, 나무는 뿌리가 없는 나무가 없고 물은 근원이 없는 물이 없으니, 만물도 오히려 이와 같거든 하물며 이 고금에 없는 오만 년 내려갈 초창의 도운이랴. 내가 불민한데도 훈도전발의 은혜를 힘입어 삼십여 년까지에 온갖 어려움을 맛보고 거듭 곤란과 재액을 겪어서 사문의 정맥이 거의 흐린 물이 맑아 깨끗함에 돌아오고 섞인 것을 버리고 순수함에 이르렀으나, 호해풍상의 형상과 그림자가 멀고 막혀서 혹은 중도의폐하는 일도 있고 또 한 소쿠리가 부족된 것도 많으니, 진심으로 슬프도다. 대개 우리 도가 진행하는 성부(誠否)는 오직 내수도의 잘하고 못하는 데 있느니라. 현전에 이르기를 "오직 한울님은 친함이 없는데 극진히 공경하면 친하게 되는 것이니라." 또 이르기를 "부인을 경계하여 집안과 나라를 다스린다"고 하였으니, 그런즉 내수도를 지극히 공경하고 지극히 정성을 드리는 것이 어찌 우리 도의 큰 관건이 아니겠는가.

30-3. 近日教徒 警戒內政 尙矣勿論 修身行使 亦多輕慢怠惰 職此而入室姑捨問津無期 寧不悚悶.

근일에 교도들이 내정을 경계할 것은 오히려 말할 것도 없고, 몸을 닦고 일을 행하는 것 역시 가볍게 보고 업신여기고 게으른 것이 많으니, 이런 일이 많음으로써 방에 들어가는 것은 고사하고 나루터를 묻는 것도 기약할 수 없으니, 어찌 두렵고 민망할 일이 아니겠는가.

30-4. 自非生知者 必資下學而上達 夫不敎而善上智也 敎而後善中智也 敎亦不善下愚也.

생이지지가 아니면 반드시 배워서 통달하나니, 대개 가르치지 않아도 착하게 되는 것은 상지(上智)요, 가르친 뒤에 착하게 되는 것은 중지(中智)요, 가르쳐도 착하게 되지 않는 것은 하우(下愚)니라.

30-5. 人之智愚不同 聖凡雖異 作之不已 愚可以爲智 凡可以入聖 務須明心修德 勿棄老 之言 益勉涵養之心.

사람의 지혜롭고 어리석음이 같지 아니하고 성범이 비록 다르나, 작심하여 쉬지 않으면 어리석음이 가히 지혜롭게 되고 범인이 성인으로 될 수 있으니, 모름지기 마음을 밝히고 덕을 닦는 것을 힘써서, 늙은 사람의 말이라도 버리지 말고 더욱 함양하는 마음을 힘쓰도록 하라.

三十一. 수도(修道)

31-1. 李斗璜問曰「人之修道也 心修爲主 心修之地 災苦多矣故 不能心修 如何修之可也.」

이두황이 묻기를 "사람의 도 닦는 것이 마음 닦기를 주로 하나, 마음을 닦는 데는 재난과 고통이 많으므로 능히 마음을 닦을 수 없사오니, 어떻게 닦는 것이 옳습니까."

31-2. 神師曰「人之平生以苦而思之則 無不苦難之事也 以樂而思之則 無不安樂之事也 有苦之時 反思安樂之地. 萬事成就在於誠 極誠之心無不樂也.」

신사 대답하시기를 "사람의 평생을 고생이라고 생각하면 괴롭고 어려운 일 아닌 것이 없고, 낙으로 생각하면 편안하고 즐거운 일 아닌 것이 없나니, 고생이 있을 때에는 도리어 안락한 곳을 생각할 것이니라. 만사를 성취하기는 정성에 있나니, 정성을 지극히 하는 마음에는 즐겁지 않은 것이 없느니라."

31-3. 羅龍煥問曰「吾道 自龍潭淵源而各派分布頭目之別 頭目道通以後在下者道通乎.」

나용환이 묻기를 "우리 도는 용담 연원으로부터 각파 두목별로 분포가 되었으니, 두목이 먼저 도를 통한 뒤에라야 아래 있는 자가 도통할 수 있습니까."

31-4. 神師曰「極誠者道通矣 設使頭目言之 未爲至誠者 豈可能道通望之乎. 人皆修道之法相傳而布德也 或有傳道者背道 受其在下布德者就中不無篤信者也 斯也者必由自誠而道通者也. 眞實者 道通也 有才有能之者心柱難定故 心有移覆實難道通矣.」

신사 대답하시기를 "지극한 정성을 드리는 이라야 도를 통할 것이니, 설사 두목이라고 말할지라도 지극한 정성을 드리지 아니하면 어떻게 도통하기를 바랄 수 있겠느냐. 사람이 다 도 닦는 법을 서로 전하면서 포덕을 하지마는, 혹 도를 전한 이가 배반하더라도 그 아래에서 포덕을 받은 이는 그 가운데 독신자가 없지도 아니하니, 이런 사람은 반드시 자기의 정성으로 인하여 도를 통할 것이니라. 진실한 이라야 도를 통하는 것이니, 재주 있고 꾀있는 사람은 심주를 정하기 어려우므로, 마음이 옮기고 번복되어 실로 도통하기 어려우니라."

三十二. 삼재(三災)

32-1. 南啓天問曰「三災何可以免乎.」神師曰「三災中 戰亂謀避之事 最可易也 敵兵來襲 殺害人民之時 使義氣男兒 接近於敵前 以充其所欲而工作平和則 可免也 凶年 始自平年而節用 貯藏七年之糧. 天理未有七年之兇. 可爲免凶也 是人人團結而 協力可能也 疾病人皆守心正氣而 心和氣和則 能可免也.」

남계천이 묻기를 "세 가지 재앙은 어떻게 면합니까." 신사 대답하시기를 "삼재 가운데 전란을 피하는 일이 가장 쉬우니, 적병이 습격하여 와서 인명을 살해할 때에 의기 남아로 하여금 적군의 앞에 나아가 그의 욕망을 채워 주고 평화를 공작하면 가히 면할 것이요, 흉년은 처음 평년부터 절용하여 칠 년간의 양식을 저장하여 둘 것이니라. 천리가 아직까지는 칠 년 흉년은 없었느니라. 가히 흉년은 면할 것이니, 이것은 사람 사람이 단결하고 협력하면 가능할 것이요, 질병은 사람이 다 수심정기하여 마음이 화하고 기운이 화하면 능히 면하리라."

三十三. 포덕(布德)

33-1. 李鍾玉問曰「布德之方策如何乎.」神師曰「人皆不無妻男妹夫之間矣 爲先妻男妹夫布德可也.」

이종옥이 묻기를 "포덕하는 방책은 어떻게 합니까." 신사 대답하시기를 "사람은 다 처남과 매부가 없지 않을 것이니 먼저 처남과 매부를 포덕하는 것이 옳으니라."

33-2. 金洛三曰「全羅道有多發 布德之情 南啓天本是非土班 入道後以南啓天便義長之重職 統率道衆 道衆落心者多矣. 願撤回南啓天便義長之帖紙爲望耳.」

김낙삼이 묻기를 "전라도에는 포덕이 많이 될 수 있는 정세이나 남계천이 본래 본토 양반이 아니었는데 입도한 뒤에 남계천에게 편의장이란 중책으로 도중을 통솔케 하니 도중에 낙심하는 이가 많습니다. 원컨대 남계천의 편의장 첩지를 도로 거두시기 바랍니다."

33-3. 神師曰「所謂班常之別 人之所定也 道之職任天主之所使也 人

豈可以能天定之任撤回乎. 唯天無別班常而賦其氣寵其福也 吾道輪於新運而使新人 更定新制班常也. 自此以後 吾道之內一切勿別班常. 我國之內 有兩大弊風 一則 嫡庶之別 次則班常之別. 嫡庶之別亡家之本 班常之別亡國之本 此是吾國內痼疾也. 吾道頭目之下 必有百勝之大頭目 諸君愼之. 相互以敬爲主 勿爲層節. 此世之人 皆是天主生之 以使天民敬之以後 可謂太平也.」

신사 대답하시기를 "소위 반상의 구별은 사람의 정한 바요 도의 직임은 한울님이 시키신 바니, 사람이 어찌 능히 한울님께서 정하신 직임을 도로 거둘 수 있겠는가. 한울은 반상의 구별이 없이 그 기운과 복을 준 것이요, 우리 도는 새 운수에 둘려서 새 사람으로 하여금 다시 새 제도의 반상을 정한 것이니라. 이제부터 우리 도 안에서는 일체 반상의 구별을 두지 말라. 우리나라 안에 두 가지 큰 폐풍이 있으니 하나는 적서의 구별이요, 다음은 반상의 구별이라. 적서의 구별은 집안을 망치는 근본이요 반상의 구별은 나라를 망치는 근본이니, 이것이 우리나라의 고질이니라. 우리 도는 두목 아래 반드시 백배 나은 큰 두목이 있으니, 그대들은 삼가하라. 서로 공경을 주로 하여 층절을 삼지 말라. 이 세상 사람은 다 한울님이 낳았으니, 한울 백성으로 공경한 뒤에라야 가히 태평하다 이르리라."

三十四. 오도지운(吾道之運)

34-1. 申澤雨問曰「因甲午戰亂而吾道批評怨聲者多矣 如何方策能

免此怨聲乎.」神師曰「論擧甲午之事則不爲人事 天命之爲事 怨人怨天自後 天示歸和無爲怨聲 反於贊成. 如甲午之時到來而爲甲午之事則 吾國之事 緣由於此而光輝 喚起世界人民之精神也.」

신택우 묻기를 "갑오전란으로 인하여 우리 도를 비방하여 평하고 원망하는 사람이 많으니 어떤 방책으로 능히 이 원성을 면할 수 있습니까." 신사 대답하시기를 "갑오일로 말하면 인사로 된 것이 아니요 천명으로 된 일이니, 사람을 원망하고 한울을 원망하나 이후부터는 한울이 귀화하는 것을 보이어 원성이 없어지고 도리어 찬성하리라. 갑오년과 같은 때가 되어 갑오년과 같은 일을 하면, 우리나라 일이 이로 말미암아 빛나게 되어 세계 인민의 정신을 불러일으킬 것이니라."

34-2. 李容九曰「自甲午以後 我國王變於皇名 三政丞變於十部大臣之名 門戶開放而通商世界各國 文物輸入者多矣 此是對吾道而利害如何乎.」神師曰「吾道之運 與世同歸 變於國政 亦由於吾道之運. 吾道亦當此運而一變之後 必至大榮矣. 吾道之名義 不久布揚於世界 首都長安大健廣堂 誦呪之聲沖天由時曰 顯道也. 以後 又有甲午恰似之事 外國兵馬 聚驅於我國疆土內而爭奪矣 當此時而善處則 顯道容易若不善處則 還是憂患矣.」

이용구 묻기를 "갑오 이후로부터 우리나라에는 왕이 황이란 이름으로 변하고, 삼정승이 십부대신의 이름으로 변하고, 문호를 개방하여 세계 각국과 통상함으로써 문화와 물품을 수입하는 것이 많으니, 이것이 우리 도에 대하여 이해가 어떠하오리이까." 신사 대답하시기를 "우리 도의 운수는 세상과 같이 돌아가는 것이니 나라의 정치가 변하는 것도 또한 우리 도의 운수로 인한 것이니라. 우리 도도 이 운수를 당하여 한번 변한 뒤에라야 반드시 크게 번영하리라. 우리 도의 이름과 주의를 멀지 아니하여 세계에 펴 날리고, 서울 장안에 크게 교당을 세우고, 주문 외우는 소리가 한울에 사무치리니, 이 때를 지나야 현도라고 이르느니라. 이 뒤에 또 갑오년과 비슷한 일이 있으리니 외국 병마가 우리 강토 안에 몰려들어 싸우고 빼앗고 하리라. 이 때를 당하여 잘 처변하면 현도가 쉬우나, 만일 잘 처변치 못하면 도리어 근심을 만나리라."

34-3. 孫秉熙曰「遭戰亂則 各國相互間 使兵器而決勝負 當此時 吾道人處於兩國交戰之間 如何善心得勝乎.」神師曰「戰爭 只爲兵器而得勝者未之有也. 凌駕兵戰者策戰 計策至大也. 西洋之武器世人無比對敵者 武器謂之殺人器 道德謂之活人機 君等當此時修道極誠可也. 大戰爭後 必有大平和 戰爭者平和之本也. 志在東方 機在西方. 雲捲西山則 翌日淸明矣. 人無一人捨朽 一人一捨 毁害大事. 用事人皆有特技專能 擇定於適材適所則 無不成功者未之有也.」

손병희 묻기를 "전란을 당하면 각국이 서로 병기를 가지고 승부를 결할 것이니, 이 때를 당하여 우리 도인은 두 나라가 서로 싸우는 사이에서 어떤 좋은 생각으로 이길 수 있습니까." 신사 대답하시기를 "전쟁은 다만 병기만 가지고 이기는 것은 없느니라. 병전을 능가하는 것은 책전이니, 계책이 지극히 큰 것이니라. 서양의 무기는 세상 사람이 견주어 대적할 자 없다고 하나 무기는 사람 죽이는 기계를 말하는 것이요, 도덕은 사람 살리는 기틀을 말하는 것이니, 그대들은 이 때를 당하여 수도를 지극한 정성으로 함이 옳으니라. 큰 전쟁 뒤에는 반드시 큰 평화가 있는 것이니, 전쟁이란 평화의 근본이니라. 사상은 동방에 있고 기계는 서방에 있느니라. 구름이 서산에 걷히면 이튿날이 맑고 밝으니라. 사람은 한 사람이라도 썩었다고 버릴 것이 없나니, 한 사람을 한번 버리면 큰일에 해로우니라. 일을 하는 데 있어 사람은 다 특별한 기술과 전문적 능력이 있으니, 적재적소를 가려 정하면 공을 이루지 못할 것이 없느니라."

三十五. 강서(降書)

35-1. 書曰「天降下民 作之君作之師 唯曰其助上帝」君以教化禮樂以和萬民 以法令刑戮 以治萬民 師以孝悌忠信 以教後生 以仁義禮智以成後生 皆所以助上帝者也. 嗟我道人 敬受此書.

서전에 이르기를 "한울이 백성을 내리시어 임금을 내고 스승을 내었으니 오직 상제를 돕게 함이라" 하였으니, 임금은 교화와 예악으로 만민을 화하고 법령과 형벌로 만민을 다스리고, 스승은 효제충신으로 후생을 가르치고 인의예지로 후생을 이루게 하나니, 다 상제를 돕는 것이니라. 아! 우리 도인들은 공경히 이 글을 받으라.

35-2. 葩經曰「畏天之威 于時保之」此敬天也.

파경(시전)에 이르기를 "한울의 위엄을 두려워하여 이때 천명을 보존한다" 하였으니 이는 한울을 공경함이오.

35-3. 鄒聖曰「莫之爲而爲者天也」此 信天也. 正心正身 勿獲罪于天 盡誠盡忠 勿獲罪于上.

추성(맹자)이 이르기를 "함이 없이 되는 것은 한울이라" 하였으니 이는 한울을 믿음이니라. 마음과 몸을 바르게 하여 한울님께 죄를 얻지 말고, 정성과 충성을 다하여 위에 죄를 얻지 말라.

35-4. 萬物之生長兮 其胡然 其胡然. 化翁之收臧兮 自有時自有時.

만물이 나고 자람이여, 어떻게 그러하고 어떻게 그러한가. 조화옹의 거두고 저장함이여, 스스로 때가 있고 스스로 때가 있도다.

35-5. 水之深源兮 旱亦不斷 木之固根兮 寒亦不死.

물의 근원이 깊음이여, 가물어도 끊어지지 아니하고, 나무의 뿌리가 굳건함이여, 추워도 죽지 아니하도다.

35-6. 魍魎之出晝兮 渠何心 渠何心. 蟄蟲之處穴兮 亦有知 亦有知.

도깨비가 낮에 나타남이여, 저 어떤 마음이며 저 어떤 마음인가. 칩충(개구리와 벌레 등)이 구멍에 삶이여, 또한 앎이 있고 앎이 있도다.

35-7. 枯木之逢春兮 時乎時乎. 佛像之見性兮 誠乎誠乎.

마른 나무가 봄을 맞음이여, 때요 때로다. 불상이 성품을 봄이여,

정성이요 정성이로다.

35-8. 知之也 知之也. 誠心也 奸巧也 駁雜也 知之也 知之也. 其在主人 可不愼哉. 念玆在玆 以助上帝 甚幸甚幸.

알고 알았노라. 정성스러운 마음과 간교함과 박잡함을 알고 알았노라. 그 주인이 있으니 가히 삼가지 아니하랴. 생각함이 이에 있어 상제를 도우면 심히 다행하고 다행하리라.

35-9. 萬物之造化兮 無極而無窮. 噫 此世之吾道兮 有晦而有彰.

만물의 조화여, 무극하고 무궁하도다. 놀라워라, 이 세상에 우리 도의 되어 나감이여, 어두울 때도 있고 밝을 때도 있도다.

35-10. 庚申之布德兮 豈非運 豈非命. 甲子之所當兮 亦是運 亦是命.

경신년에 덕을 폄이여, 어찌 운이 아니며 어찌 명이 아닌가. 갑자년에 당한 일이여, 이 또한 운이요 이 또한 명이로다.

35-11. 主人之一心兮 有初而克終. 二字之見指兮 奈洋人之先行.

주인의 한마음이여, 처음부터 끝까지 지킴이로다. 두 글자(천주)를 보고 지목함이여, 어찌 서양 사람이 먼저 행한 것인가.

35-12. 大運之將泰兮 奉新命而開成. 嗟呼主人 敬收此書 嗟呼嗟呼.

큰 운이 장차 형통함이여, 새 명을 받들어 열고 이루리로다. 아! 주인은 공경히 이 글을 받으라.

35-13. 明者 暗之變也 日之明兮人見 道之明兮獨知.

밝은 것은 어두움의 변함이니, 해가 밝은 것은 사람마다 볼 수 있고 도의 밝은 것은 나 홀로 아는도다.

35-14. 德者 盡誠盡敬 行吾之道 人之所歸 德之所在.

덕이란 것은 정성을 다하고 공경을 다하여 나의 도리를 다함이니, 사람의 돌아오는 곳은 덕이 있는 곳이니라.

35-15. 命者 運之配也 天之命兮 莫致 人之命兮 難違.

명이란 것은 운을 짝함이니, 한울의 명은 다하지 못하고 사람의 명은 어기기 어렵도다.

35-16. 道者 保若赤子 大慈大悲 修煉成道 一以貫之.

도란 것은 갓난아기를 보호하듯이 하고 대자대비하여 수련 성도로 일이관지함이니라.

35-17. 誠者 心之主 事之體 修心行事 非誠無成.

정성이란 것은 마음의 주요 일의 체가 되나니, 마음을 닦고 일을 행함에 정성이 아니면 이룰 수 없느니라.

35-18. 敬者 道之主 身之用 修道行身 唯敬從事.

공경이란 것은 도의 주체요 몸으로 행하는 것이니, 도를 닦고 몸으로 행함에 오직 공경으로 종사하라.

35-19. 畏者 人之所戒 天威神目 無處不臨.

두려움이란 것은 사람이 경계하는 바니, 한울의 위엄과 신의 눈이 이르지 않는 곳이 없도다.

35-20. 心者 虛靈之器 禍福之源 公私之間 得失之道(此亦降釋八節 勿爲泛過 益勉踐履修煉 若何若何).

마음이란 것은 허령의 그릇이요 화복의 근원이니, 공과 사 사이에 득실의 도니라.(이 또한 팔절을 강화로 해석한 것이니 범연히 지내지 말고 더욱 힘써 수련을 실천 이행하는 것이 어떠하고 어떠할꼬.)

35-21. 哀此世人之無知兮 顧將鳥獸而論之. 鷄鳴而夜分兮 犬吠而人歸. 山猪之爭葛兮 倉鼠而得所. 齊牛之奔燕兮 楚虎而臨吳. 中山兎之管城兮 沛澤龍之漢水. 五蛇之無代兮 九馬而當路.

슬프다, 이 세상 사람의 앎이 없음이여, 차라리 새와 짐승을 돌아보아 말하리라. 닭의 울음에 밤이 나누어짐이여, 개가 짖음에 사람이 돌아오도다. 멧돼지가 칡을 다툼이여, 창고의 쥐가 있을 곳을 얻었도다. 제나라 소가 연나라로 달아남이여, 초나라 범이 오나라에 오도다. 중산 토끼가 성을 차지함이여, 패택 용의 한수로다. 다섯 뱀의 대가 없음이여, 아홉 말이 길에 당하도다.

35-22. 蛇之口齒蛙 自謂莫敵 不知蜈蚣之占着 且下蛇已斃 蜈蚣且驕 不知蜘蛛之醢其軀. 毒者 必傷於毒 出乎爾者反乎爾. 仁干義戈 禮劍

智戟 征出西畓則 丈夫當前無壯士.

밤이 개구리를 씹으며 스스로 생각하기를 "나를 대적할 자 없다" 하여 지네가 붙는 것을 알지 못하더니, 다음에 뱀이 죽으매 지네가 교만하여 거미가 그 몸에 젓 담는 줄을 알지 못하더라. 독한 놈은 반드시 독한 데 상하나니, 너에게서 난 것이 너에게로 돌아가느니라. 어진 방패와 의로운 무기와 예의의 칼과 지혜의 창으로 서쪽 괴수를 쳐내면 장부당전에 장사가 없으리라.

三十六. 강시(降詩)

36-1.

守心誠而惑怠 人之變也桑田.	정성으로 마음을 지키되 혹 게으르면 사람의 변하는 것이 상전이로다.
守心敬而泰然 山河實於碧海.	공경으로 마음을 지키되 태연히하면 산하가 실로 푸른 바다로다.
龜岳回春桑田碧海.	구악에 봄이 돌아오니 상전이 벽해로다.
龍傳太陽珠 弓乙回文明.	용이 태양주를 전하니 궁을이 문명을 돌이키도다.
運開天地一 道在水一生.	운이 열리니 천지가 하나요, 도가 있으니 물이 하나를 낳았도다.
水流四海天 花開萬人心.	물은 네 바다 한울에 흐르고 꽃은

	만인의 마음에 피었도다.
太白山工四十九	태백산에서 사십구일 공부를 하고
受我鳳八各主定	내가 봉황 여덟 마리를 받아 각각 주인을 정하니,
天宜峰上開花天	천의봉 위에 꽃핀 한울이요,
今日琢磨五絃琴	오늘 오현금을 갈고 닦고
寂滅宮殿脫塵世.	적멸궁전에서 티끌 세상을 벗어나고.

36-2.

貫觀一氣正心處.	한 기운을 꿰뚫어보니 마음을 바르게 한 곳.

36-3.

不意四月四月來	뜻 아니한 사월에 사월이 오니
金士玉士又玉士.	금사 옥사 또 옥사로다.
今日明日又明日	오늘 내일 또 내일
何何知之又何知.	무엇무엇을 알고 또 무엇을 알리.
日去月來新日來	날이 가고 달이 오고 새 날이 오니
天地精神令我曉.	천지 정신이 나로 하여금 깨닫게 하도다.

36-4.

無極大道作心誠.	무극대도를 작심으로 정성드리니
圓通峰下又通通.	원통봉 아래서 또 통하고 통하였노라.

36-5.

南辰圓滿脫劫灰	남쪽별이 둥글게 차고 겁회를 벗어나니
東海深深萬里淸.	동해가 깊고깊어 만리에 맑았어라.
千山萬峰一柱綠	천산 만봉은 한 기둥처럼 푸르고
千江萬水一河淸.	천강 만수는 한 하수처럼 맑으니라.
心和氣和一身和	마음이 화하고 기운이 화하니 온몸이 화하고
春回花開萬年春.	봄이 돌아오고 꽃이 피니 만년의 봄이로다.
靑天白日正氣心	청천백일에 기운과 마음을 바르게 하니
四海朋友都一身.	사해의 벗과 벗이 모두 한 몸이로다.

36-6.

少來墳典靑春哭	젊어서 삼분오전을 읽다가 청춘은 늙었고

老去經綸白馬嘶.	늙어서 경륜이 없어지니 맹세도 허사로다.
時有其時時處處	때는 그 때가 있으니 때는 곳곳이라,
山之鳥也爾其知.	산에 있는 새야 너는 그것을 알지 않느냐.
世俗雖云何聽孤	세속이 비록 무엇을 외로이 듣는다 해도
他日能濟池殃魚.	다른 날 능히 못 가운데서 죽게 된 고기를 건지리라.

36-7.

不聞他日不問事	다른 날 들으려고도 말고 일을 묻지도 말라
非月非日時時來.	달도 아니요 날도 아닌 때는 그 때에 오는 것이니.

36-8.

非無義理大運中	옳은 이치는 큰 운수 가운데 없지 않으니
白日無光獨惺眠.	밝은 날이 빛이 없으나 홀로 졸음을 깨었노라.
虹橋消息無人到	무지개 다리 소식에 오는 사람이 없

	어
回首南天幾望餘.	머리를 남쪽 한울로 돌려 얼마나 바라고 바랐던가.

36-9.

山不利 水不利.	산도 이롭지 않고 물도 이롭지 아니하리라.
利在晝夜挽弓之間.	이로운 것은 밤낮 활을 당기는 사이에 있느니라.

三十七. 기타(其他)

37-1. 諸君이여 吾道에 入하는 者 多하되 道를 知하는 者 少함을 恨하노라. 道를 知한다 함은 곧 自己를 自己가 知함이니, 自己를 知코자 아니하고 먼저 他를 知코자 하는 人이야 可憫치 아니하랴. 그러나 人이 어찌 道를 知하고 道에 入하는 者 多하리오. 或 運에 依하여 入하며 或 氣에 依하여 入하나니, 入함이 難함이 아니라 信함이 難하니라.

여러분이여, 우리 도에 드는 사람은 많으나 도를 아는 사람이 적음을 한탄하노라. 도를 안다 함은 곧 자기가 자기를 아는 것이니, 자기를 알고자 아니하고 먼저 남을 알고자 하는 사람이야 가히 민망치 아니하랴. 그러나 사람이 어찌 도를 알고 도에 드는 자 많으리오. 혹은 운에 의하여 들어오며 혹은 기세에 의하여 들어오나니 입도함이 어려운 것이 아니라 믿는 것이 어려우니라.

37-2. 吾 篤工할 時에 大雨中이라도 衣巾이 濕치 아니하였으며, 能히 九十里外에 在한 人을 見하였으며, 又 能히 邪氣를 止하였으며, 造化를 用하였으나, 今은 頓然히 絶하였노라. 元來 此等은 皆 小事요 決코 大道의 正理가 아니라, 故로 大神師 造化를 用치 아니하심도 또한 이에 原因한 바니라.

내가 독실히 공부할 때에 억수같이 내리는 비 가운데서도 옷과 두건이 젖지 아니하였으며, 능히 구십 리 밖에 있는 사람을 보았으며, 또 능히 바르지 못한 기운을 그치었으며, 조화를 썼으나, 지금은 조금도 돌아보지 않고 끊었노라. 원래 이것들은 다 작은 일이요 결코 대도의 바른 도리가 아니니라. 그러므로 대신사께서 조화를 쓰지 아니하심도 또한 이에 원인한 바니라.

37-3. 道는 高遠難行한 處에 在한 것이 아니라 日用行事가 다 道 아님이 없나니, 天地神明이 物로 더불어 推移하는지라. 故로 至誠이면 感天이니 諸君은 人이 不知함을 患치 말고 오직 事에 處하는 道 通치 못함을 患하라.

도는 높고 멀어 행하기 어려운 곳에 있는 것이 아니라 일용행사가 다 도 아님이 없나니, 천지신명이 만물과 더불어 차차 옮겨 나가는지라. 그러므로 정성이 지극하면 한울이 감동하니 여러분은 사람이 알지 못함을 근심하지 말고 오직 일에 처하는 도를 통하지 못함을 근심하라.

37-4. 宇宙는 一氣의 所使며 一神의 所爲라, 眼前에 百千萬像이 비록 其形이 各殊하나 其理는 一이니라. 一은 卽 天이니 天이 物의 組織에 依하여 表顯이 各殊하도다. 同一의 雨露에 桃에는 桃實이 結하고 李에는 李實이 熟하나니 是 天이 異함이 아니요, 物의 種類 異함이로다. 人이 氣를 吸하고 物을 食함은 是 天으로써 天을 養하는 所以니라. 무엇이든지 道 아님이 없으며 天 아님이 없는지라. 各各 順應이 有하고 調和가 有하여 宇宙의 理 此에 順行하나니, 人이 此를 從하는 者는 是正이요 此를 逆하는 者 是惡이니라.

우주는 한 기운의 소사요 한 신의 하는 일이라, 눈앞에 온갖 물건의 형상이 비록 그 형상이 각각 다르나 그 이치는 하나이니라. 하나는 즉 한울이니 한울이 만물의 조직에 의하여 표현이 각각 다르니라. 같은 비와 이슬에 복숭아나무에는 복숭아 열매가 맺고 오얏나무에는 오얏 열매가 익나니 이는 한울이 다른 것이 아니요 만물의 종류가 다름이로다. 사람이 공기를 마시고 만물을 먹는 것은 이는 한울로써 한울을 기르는 까닭이니라. 무엇이든지 도 아님이 없으며 한울 아님이 없는지라. 각각 순응이 있고 서로 화합함이 있어 우주의 이치가 이에 순히 행하나니, 사람이 이를 따르는 것은 이것이 바른 것이요 이를 거스리는 것은 이것이 악이니라.

37-5. 余 修道의 時에 天語를 屢聞하였으나 今에 思컨대 是 아직 未達一間의 初步니라. 天語 人語의 區別은 是 正邪의 兩端뿐이니, 正

心으로써 邪心을 治케 되면 무엇이 天語 아님이 있으리오.

나는 수도할 때에 한울님 말씀을 여러 번 들었으나 지금 생각컨대 이는 아직 도에 달하지 못한 초보이니라. 한울님 말씀과 사람의 말의 구별은 이는 바른 일과 바르지 않은 일 두 가지뿐이니 바른 마음으로 바르지 않은 마음을 다스리게 되면 무엇이 한울님 말씀 아님이 있으리오.

37-6. 經에 曰「內로 降話의 教 有하다」하였나니, 降話는 卽 心靈의 教니라. 人이 誰降話의 教 無하리오마는 五官의 慾이 慧竇를 蔽하였는지라, 心이 一朝에 豁然貫通하면 心靈의 教를 歷歷히 聞하나니라. 然이나 降話도 아직 未達一間이니라. 人의 一語一默과 一動一靜이 皆是其規에 越치 아니하여 降話의 教와 如한 然後에야 可히 達하였다 할지니, 故로 大神師 末年에는 降話의 教 無하셨나니, 思컨대 人의 言語動靜이 元來 是 心靈의 機發이라, 心이 正하면 무엇이 降話의 教 아니리오.

경전에 말씀하시기를 "안으로 강화의 가르침이 있다" 하였으니 강화는 즉 심령의 가르침이니라. 사람이 누가 강화의 가르침이 없으리요마는 오관(눈 · 귀 · 코 · 혀 · 몸)의 욕심이 슬기 구멍을 가리웠는지라, 마음이 하루 아침에 도를 환히 깨달으면 심령의 가르침을 분명하게 듣느니라. 그러나 강화도 아직 도에 달하지 못한 초보이니라. 사람의 일어일묵과 일동일정이 다 그 법을 범하지 아니하여 강화의 가르침과 같아진 연후에야 가히 이르렀다 할 것이니라. 그러므로 대신사의 말년에는 강화의 가르침이 없으셨으니, 생각컨대 사람의 말과 행동이 원래 이것이 심령의 기틀에서 일어나는 것이라, 마음이 바르면 무엇이 강화의 가르침이 아니리오.

37-7. 大神師 恒言하시되 此世는 堯舜孔孟의 德이라도 不足言이라 하셨으니 現時가 後天開闢임을 이름이라. 先天은 物質開闢이요 後天은 人心開闢이니, 將來 物質發明이 其極에 達하고 萬般의 事爲 空前한 發達을 遂할지니, 是時에 在하여 道心은 더욱 微하고 人心은 더욱 危할지며, 더구나 人心을 引導하는 先天道德이 時에 順應치 못할지라. 故로 天의 神化中에 一大開闢의 運이 回復되었나니, 故로 吾道의 布德天下 廣濟蒼生天의 命하신 바니라.

대신사께서 늘 말씀하시기를 이 세상은 요순공맹의 덕이라도 부족언이라 하셨으니 이는 지금 이때가 후천개벽임을 이름이라. 선천은 물질 개벽이요 후천은 인심 개벽이니 장래 물질 발명이 그 극에 달하고 여러가지 하는 일이 전례없이 발달을 이룰 것이니, 이때에 있어서 도심은 더욱 쇠약하고 인심은 더욱 위태할 것이며 더구나 인심을 인도하는 선천 도덕이 때에 순응치 못할지라. 그러므로 한울의 신령한 변화 중에 일대 개벽의 운이 회복되었으니, 그러므로 우리 도의 포덕천하 · 광제창생은 한울의 명하신 바니라.

37-8. 天은 萬物을 造하시고 萬物의 內에 居하시나니, 故로 萬物의 精은 天이니라. 萬物中 最靈한 者 人이니, 故로 人은 萬物의 主니라. 人은 生함으로만 人이 되지 못하고 五穀百果의 滋養을 受하여 活하는 것이라. 五穀은 天地의 腴니 人이 此天地의 腴를 食하고 靈

力을 發揮케 하는 것이라. 故로 天은 人에 依하고 人은 食에 依하니, 此 以天食天의 下에 立한 吾人은 心告로써 天地萬物의 融和相通을 得함이 어찌 可치 아니하랴.

한울은 만물을 지으시고 만물 안에 계시나니, 그러므로 만물의 정기는 한울이니라. 만물 중 가장 신령한 것은 사람이니 그러므로 사람은 만물의 주인이니라. 사람은 태어나는 것으로만 사람이 되지 못하고 오곡백과의 영양을 받아서 사는 것이니라. 오곡은 천지의 젖이니 사람이 이 천지의 젖을 먹고 영력을 발휘케 하는 것이라. 그러므로 한울은 사람에 의지하고 사람은 먹는 데 의지하니, 이 한울로써 한울을 먹는 원리에 따라 사는 우리 사람은 심고로써 천지만물의 서로 화합하고 통함을 얻는 것이 어찌 옳지 아니하랴.

37-9. 吾道는 博而約하고 精而一로써 主를 삼나니, 博約精一은 誠敬信이 아니면 能치 못하리라. 信이 有한 然後에 能히 誠하고 誠이 有한 然後에 能히 通하는지라. 故로 在誠在人이라 함은 一則 誠에 在하고 一則 信하는 人에뿐 在한다 함이니라.

우리 도는 넓으면서 간략하고 마음을 자세하고 한결같이 함을 주로 삼나니, 넓고 간략하고 자세하고 한결같음은 정성 · 공경 · 믿음이 아니면 능치 못하리라. 믿음이 있는 연후에 능히 정성이 있고 정성이 있은 연후에 능히 통하는지라. 그러므로 정성에 있고 사람에 있다 함은 하나는 정성에 있고 하나는 믿는 사람에게만 있다 함이니라.

37-10. 諸君은 侍字의 義를 如何히 解釋하는가. 人이 胞胎의 時에 此時를 卽 侍字의 義로 解함이 可하랴, 落之以後에 처음으로 侍字의 義가 生할까, 又 大神師 布德降靈의 日에 侍字의 義가 生하였을까, 諸君은 此義를 硏究하여 보라.

여러분은 모실 시자의 뜻을 어떻게 해석하는가. 사람이 포태의 때에 이때를 곧 모실 시 자의 뜻으로 해석하는 것이 옳으냐, 세상에 태어난 이후에 처음으로 모실 시 자의 뜻이 생기는 것일까, 또 대신사 포덕 강령의 날에 모실 시 자의 뜻이 생겼을까, 여러분은 이 뜻을 연구하여 보라.

37-11. 大神師의 呪文十三字는 卽 天地萬物 化生의 根本을 發明한 것이요, 守心正氣 四字는 更히 天地隕絶의 氣를 補한 것이며, 無爲而化는 人與萬物의 順道順理의 法諦라. 故로 道는 別로 高遠한 處에 在한 것이 아니라, 汝의 身에 在하며 汝의 世界에 在하니라. 十三字로써 萬物化生의 根本을 知하고 無爲而化로써 人與萬物의 順理順道를 知한 後에, 守心正氣로써 天地泰和의 元氣를 復하면 能히 庶幾인저.

대신사의 주문 열세 자는 즉 천지만물 화생의 근본을 새로 밝힌 것이요, 수심정기 네 글자는 다시 천지가 운절되는 기운을 보충한 것이며, 무위이화는 사람이 만물과 더불어 천도천리에 순응하는 우주만유의 참된 모습이니라. 그러므로 도는 따로 높고 먼 곳에 있는 것이 아니라 너의 몸에 있으며 너의 세계에 있느니라. 십삼자로써 만물화생의 근본을 알고 무위이화로써 사람이 만물과 더불어 천리와 천도에 순응함을 안 연후에 수심정기로써 천지가 크게 화하는 원기를 회복하면 능히 도에 가까움인저.

37-12. 天皇氏는 元來 天人合一의 名辭라, 故로 天皇氏는 先天開闢--有人의 始神의 機能으로 人의 原理를 包含한 義가 有하니, 萬物이 皆 天皇氏의 一氣라. 今日 大神師 天皇氏로써 自處하심은 大神師 亦是 神이신 人이시니 後天五萬年에 此理를 傳케 함이니라.

천황씨는 원래 한울과 사람이 합일한 명사라, 그러므로 천황씨는 선천개벽으로 사람을 있게 한 시조신의 기능으로 사람의 원리를 포함한 뜻이 있으니, 만물이 다 천황씨의 한 기운이니라. 오늘 대신사께서 천황씨로써 자처하심은 대신사 역시 신이신 사람이시니 후천오만 년에 이 이치를 전케 함이니라.

37-13. 個人各個가 能히 神人合一이 自我됨을 覺하면 이는 곧 侍字의 本이며, 侍의 根本을 知하면 能히 定의 根本을 知할 것이요, 終에 知의 根本을 知할 것이니, 知는 卽通이므로 萬事無爲의 中에서 化하나니, 無爲는 卽 順理順道를 이름이니라.

개인 각자가 능히 신과 인간의 합일이 자기됨을 깨달으면 이는 곧 모실 시 자의 근본이며, 모실 시의 근본을 알면 능히 정할 정의 근본을 알 것이요, 마침내 알 지의 근본을 알 것이니, '지'는 즉 통이므로 모든 일이 함이 없는 가운데서 화하나니, 무위는 즉 천리와 천도에 순응함을 이름이니라.

37-14. 吾道에 符를 試하여 病을 療함은 是 卽 靈의 所使이니, 天이 能히 病을 生케 하는 理 有하고 病을 差케 하는 理 없으리오. 全一한 誠信으로써 先히 心을 和케 하고 又 氣를 和케 하면 自然의 感化로 百體順化하나니, 萬病의 勿藥自效 무엇이 神異할 바리오. 其實을 求하면 天의 造化가 오직 自心에 在하니라.

우리 도에 영부를 시험하여 병을 고침은 이는 즉 영의 하는 일이니, 한울이 능히 병을 생기게 하는 이치는 있고 어찌 병을 낫게 하는 이치가 없으리오. 온전하고 한결같은 정성과 믿음으로써 먼저 마음을 화하게 하고 또한 기운을 화하게 하면 자연의 감화로 온몸이 순히 화하나니, 모든 병이 약을 쓰지 않고도 저절로 낫는 것이 무엇이 신기하고 이상할 바리오. 그 실지를 구하면 한울의 조화가 오직 자기 마음에 있느니라.

37-15. 人이 蒼穹을 仰하고 天을 此에 拜하나니, 是 天의 尊함만 聞하고 天이 天된 所以를 不知함이로다. 我의 屈伸動靜이 是 鬼神이며 造化며 理氣니, 故로 人은 天의 靈이며 精이요 天은 萬物의 精이니, 萬物을 順함은 是 天道이며 天道를 體用함은 是 人道니, 天道 人道 其間에 一髮을 不容할 者니라.

사람이 푸른 하늘을 우러러 믿고 한울을 여기에 있다고 절을 하나니 이는 한울의 높은 것만 듣고 한울이 한울된 까닭을 알지 못함이로다. 나의 굴신동정이 바로 귀신이며 조화며 이치기운이니, 그러므로 사람은 한울의 영이며 정기요, 한울은 만물의 정기니 만물을 순응함은 바로 천도이며, 천도를 체와 용으로 함은 바로 인도이니,

천도와 인도 그 사이에 한 가닥의 머리털이라도 용납하지 않을 것이니라.

37-16. 我의 一氣 天地宇宙의 元氣와 一脈相通이며, 我의 一心이 造化鬼神의 所使와 一家活用이니, 故로 天卽我이며 我卽天이라. 故로 氣를 暴함은 天을 暴함이요, 心을 亂함은 天을 亂케 함이니라. 吾師 天地宇宙의 絶對元氣와 絶對性靈을 體應하여 萬事萬理의 根本을 刱明하시니, 是乃天道며 天道는 儒佛仙의 本原이니라.

나의 한 기운은 천지우주의 원기와 한 줄기로 서로 통했으며, 나의 한 마음은 조화귀신의 소사와 한 집의 활용이니, 그러므로 한울이 곧 나며 내가 곧 한울이라. 그러므로 기운을 사납게 함은 한울을 사납게 함이요, 마음을 어지럽게 함은 한울을 어지럽게 함이니라. 우리 스승님께서 천지우주의 절대원기와 절대성령을 체응하여 모든 일과 모든 이치의 근본을 처음으로 밝히시니, 이것이 곧 천도이며 천도는 유 · 불 · 선의 본원이니라.

37-17. 余 夢寐의 間인들 어찌 先生의 遺訓을 忘却하리오. 先生이 人乃天의 本義를 說하시되 曰 事人如天하라 하셨나니라.

내가 잠자고 꿈꾸는 사이인들 어찌 스승님이 남기신 가르침을 잊으리오. 선생께서 인내천의 참뜻을 말씀하시되 사람을 한울같이 섬기라 하셨느니라.

37-18. 大하다, 天道의 靈妙 事에 涉치 아니함이 없으며 物에 有치

아니함이 없나니, 萬像이 다 天道의 表顯이니라. 今에 愚俗이 山에 祈하며 水에 禱하여 福을 祝하는 者 또한 異驗이 없지 아니하나니, 是 天地의 靈妙 何處에든지 照臨치 아니한 바 無하니라. 然이나 彼 淫祀를 爲하는 者 禍를 免하고 福을 受코자 함은 誤解니, 禍와 福은 決코 彼에서 來하는 者 아니요, 全혀 自心의 所造니라. 禍福이 心으로부터 生하고 心으로부터 滅하나니, 是 天主의 權能이니라.

크도다, 천도의 영묘, 일에 간섭치 아니함이 없으며 만물에 있지 아니함이 없나니 모든 형상이 다 천도의 표현이니라. 지금에 어리석은 풍속이 산에 빌며 물에 빌어 복을 비는 자 또한 기이한 증험이 없지 아니 하나니, 이것은 천지의 영묘가 어느 곳에든지 비치지 아니한 바 없느니라. 그러나 저 잡신을 위하는 자가 화를 면하고 복을 받고자 함은 잘못 아는 것이니, 화와 복은 결코 저기에서 오는 것이 아니요, 전혀 자기 마음의 짓는 바니라. 화와 복이 마음으로부터 생기고 마음으로부터 멸하나니 이는 한울님의 권능이니라.

37-19. 天運이 循環하여 五萬年의 大道 刱明된지라, 世魔의 降盡은 三七字의 靈呪를 信함에 在하려니와, 時를 隨하여 隱하고 運을 應하여 出함은 是 大道의 活用이니라. 道를 그릇 닦지 말라. 오직 誠敬信을 遵하여 나아갈 것이며, 天을 그릇 믿지 말라. 侍定知에 依하여 信仰할 것이니라. 思컨대 傳道者 明치 못하고 信道者 正치 못하여 妄言僞呪로써 亂道蔑法의 弊 없지 아니하니 諸君은 삼가 나아갈지어다.

천운이 순환하여 오만 년의 대도가 창명된지라, 세상 악마의 항복은 삼칠자의 신령한 주문을 믿는 데 있으려니와, 때를 따라 숨고 운을 응하여 나타나는 것은 이것이 대도의 활용이니라. 도를 그릇 닦지 말라. 오직 정성 · 공경 · 믿음을 지키어 나갈 것이며, 한울을 그릇 믿지 말라, 시 · 정 · 지에 의하여 신앙할 것이니라. 생각컨대 도를 전하는 사람이 밝지 못하고 도를 믿는 사람이 바르지 못하여 망녕된 말과 거짓 비는 것으로써 도를 어지럽히고 법을 업신여기는 폐해가 없지 아니하니 여러분은 삼가 나아갈지어다.

37-20. 君子 患難에 處하면 患難대로 함이 其道요, 困窮에 處하면 困窮대로 함이 其道니, 吾輩 大患을 經하고 大禍를 過한 今日이라, 마땅히 更新의 道로써 天理의 流行에 順應할 따름이니라.

군자가 환난에 처하면 환난대로 함이 그 도요, 곤궁에 처하면 곤궁대로 함이 그 도니, 우리들이 큰 환난을 지내고 큰 화를 겪은 오늘이라, 마땅히 다시 새로운 도로써 천리의 변화에 순응할 따름이니라.

37-21. 木의 根이 不固하면 風을 遇하여 顚倒할 것이요, 水의 源이 不深하면 盈科前進치 못하나니, 人心이 또한 如是하도다. 心이 不定하면 半信半疑하여 事 成치 못하며 功에 就치 못하나니, 修道는 遠路를 行하는 人과 如하나니, 遠行하는 人이 中途의 險難을 忌하여 反하면 其可하랴. 修道는 掘井과 如하니 井을 掘하는 人이 源泉을 未見하고 棄하면 其可하랴. 修道는 爲山과 如하니 山을 造하는 人이 一簣를 虧하여 前功을 棄함이 其可하랴. 修道는 牧羊과 如하니

牧人이 狼群의 來함을 見하고 羊群을 그대로 放棄함이 其可하랴. 修道는 治園과 如하니 園丁이 風雨를 苦하여 稚花를 雜草中에 放置함이 其可하랴. 諸君은 오직 本來의 目的에 依하여 精進不怠하라.

나무의 뿌리가 굳건치 않으면 바람을 만나 넘어질 것이요, 물의 근원이 깊지 않으면 웅덩이를 가득 채워 앞으로 나가지 못하나니 사람의 마음이 또한 이와 같도다. 마음이 정해지지 않으면 반신반의하여 일을 이루지 못하며 공을 이루지 못하나니, 수도는 먼 길을 가는 사람과 같으니, 먼 길을 가는 사람이 중도의 험하고 어려움을 꺼리어 되돌아가면 그것이 옳겠는가. 수도는 우물을 파는 것과 같으니 우물을 파는 사람이 샘의 근원을 보지 못하고 포기하면 그것이 옳겠는가. 수도는 산을 만드는 것과 같으니 산을 만드는 사람이 한 삼태기 흙을 덜하여 앞서 이룬 공을 포기하면 그것이 옳겠는가. 수도는 양을 치는 것과 같으니 목장에서 일하는 사람이 이리떼가 오는 것을 보고 양떼를 그대로 버리고 돌보지 아니하면 그것이 옳겠는가. 수도는 정원을 가꾸는 것과 같으니 정원을 보살피는 사람이 바람과 비를 괴로워하여 어린 꽃을 잡초 속에 내버려두면 그것이 옳겠는가. 여러분은 오직 본래의 목적에 의하여 게으르지 말고 정력을 다하여 나아가라.

37-22. 弓乙은 우리 道의 符圖니, 大先生 覺道의 처음에 세상사람이 다만 한울만 알고 한울이 곧 나의 마음인 것을 알지 못함을 근심하시어, 弓乙을 符圖로 그려내어 心靈의 躍動不息하는 形容을 表象하여 侍天主의 뜻을 가르치셨도다.

궁을은 우리 도의 부도니 대선생께서 도를 깨달은 처음에 세상 사람이 다만 한울만 알고 한울이 곧 나의 마음인 것을 알지 못함을 근심하시어, 궁을을 부도로 그려내어 심령이 쉬지 않고 약동하는 모양을 겉으로 나타내어 시천주의 뜻을 가르치셨도다.

| 연보 |

1827 순조 27년 4월 16일, 경주 동촌 황오리(慶州 東村 皇吾里) 229번지에서 탄생. 부친 최종수(崔宗秀)와 어머니 월성 배씨(裵氏) 사이에서 태어났다. 본명은 최경상(崔慶翔)이며, 자(字)는 경오(敬悟), 호는 해월(海月)이다. 한국에서는 흔히 '해월 최시형'으로 부른다.

1831 5세에 모친 사망. 계모인 영일 정씨 아래서 자람. 일부 연구자들은 어린 시절의 외로운 경험을 심리적 외상으로 보기도 한다.

1838 12세에 부친 사망. 부친 사망 후 계모는 집을 나감. 누이동생과 함께 고아가 되었는데, 후에 포항 신광면에 사는 먼 친척집에서 더부살이를 하게 되었다. 『천도교 창건사』에 의하면 어린 시절을 '고고(孤苦)' '남루(襤褸)'하게 살았다.

1843 17세에 종이공장에 취직하여 어려운 생계를 의탁하였다. 재산은 많지만 일찍 과부가 된 이웃집 여인 오씨(吳氏)가 매파를 보내 혼인을 청하자 남의 덕에 졸부가 되는 것은 상스럽지 못하다 하여 완곡하게 거절하였다.

1845 19세에 흥해 매곡리에 사는 밀양 손씨(密陽 孫氏)와 혼인함.

1854 28세에 신광면 마복동(新光面 馬伏洞)으로 이사함. 청렴하고 점잖아서 마을 사람들의 추대로 이장[執綱]을 맡았다. 마을 사람들의 고통을 더는 일을 잘 수행하여 마을에서 비(碑)를 세울 정도였다.

1860 34세에 마복동에 있는 검악산 검곡(劒谷)에 들어가 화전을 일구고 살았음.

1861 경주에서 성인이 났다는 소문을 듣고 경주 용담(龍潭)으로 찾아감. 6월 최제우의 제자가 된다. 그 후 최제우의 강론을 들으며, 명상과 극기의 수련을 쌓았다. 스승처럼 천어(天語)를 듣는 경지에 도달하기 위해 찬물로 목욕재계하는데, 홀연히 "따뜻한 몸에 해가 되는 것은 샘물에 급히 앉아 있기 때문이니[陽身所害는 又寒泉之急坐니]" 하는 소리가 하늘에서 들렸다. 스승을 만나 이것이 어떤 이치인가를 물으니, 스승은 이렇게 말했다. "천지 사이에 지기(至氣)가 가득 찼으며, 나의 '기'와 그대의 '기'가 둘이 아니다. 그러므로 이 지극한 기[至氣]의 소감으로 나의 말을 그대가 듣게 된 것이니, 어찌 25리의 거리를 멀다 하리요. 정성의 힘[誠力]이 이르는 곳에 대삼천세계(大三千世界)가 다 하나의 묘법(妙法)에 돌아올 수 있느니라" (『천도교창건사』). 삼천대천세계(三千大千世界)는 불가에서 말하는 무수한 세계들로 중첩되어 있는 우주를 말한다. 이 우주는 사람을 포함하여 하나의 감응적 소통의 세계이다. 최제우와 최시형 모두 조실부모하고 외롭고 빈한한 삶을 살아온 사람들이다. 이들은 극기의 수양을 통해 상통 상합하는 광대한 소통의 세계를 경험함으로써 자신의 상처를 치유하고, 분열과 고독으로 가득찬 세상의 상처와 고통을 치유한다. 몽상적으로 체험된 이 소통의 체험은 그들의 세계관과 혁명적 실천의 가장 본원적인 생명 원리의 본질로 된다.

1862 최제우가 동학 조직의 원형인 접주제(接主制)를 시행함. 하나의 접은 대략 50~60호였으며, 이 단위가 커지면 분가를 하여 조직의 크기에 따라 대접주 · 소접주를 두었다. 각 접주의 관할 조직을 포(包)라 하였다. 동학의 사회 정치 운동은 포 단위로 일어났기 때문에 그 운동을 기포(起包)라 하였다. 대규모 기포 시에는 최제우가 제창한

'광제창생(廣濟蒼生)', '포덕천하(布德天下)', '보국안민(輔國安民)'이라고 쓴 깃발을 들었다.

1863 고종 즉위. 37세에 스승으로부터 海月이라는 호를 받는다. 그리고 북도중주인(北道中主人)이라는 직책을 맡는다. 8월 14일 최제우로부터 도통(道統)을 이어 받음.

1864 대원군이 집권. 최제우가 대구 감영에 수감되자, 면담하고 돌아옴. 그 해 3월 10일 좌도난정률(左道亂正律)로 최제우가 대구 장대(將臺)에서 참형된다. 그 후 평해 · 울진 · 영양 등지로 숨어 다니며, 동학의 전파와 조직 재건에 힘썼다.

1865 39세, 10월 28일 검곡(劍谷)에서 대신사 최제우 탄신 향례에서, "사람은 한울이라 평등이요 차별이 없나니라"는 법설을 행함. 이것은 일종의 동학사상 선언서에 해당한다. 전문은 다음과 같다. "사람은 하늘이라 평등이요 차별이 없나니 사람이 인위로써 귀천을 분별함은 곧 천의에 어기는 것이니 제군은 일체 귀천의 차별을 철폐하여 선사의 뜻을 이어 가기로 맹서하라."

1867 3월 10일, 「양천주(養天主)」의 법설을 행함.

1868 관군의 추적을 피해 경북 영양군 태백산맥 줄기인 일월산에 도망가 숨는다.

1871 45세. 동학교도 이필제가 경북 동해안 영해부에서 민란을 일으킨다. 무력을 통한 난의 형태를 띤 행동을 때 아닌 행동으로 비난하였다. 최시형은 제자들과 함께 태백산으로 피신함. 다시 소백산 중의 바윗골로 옮겨 풀뿌리 등으로 연명. 12월 직곡리에서 각지의 접주들을 상대로 「대인접물(待人接物)」의 설법을 펴고, '사인여천(事人如天)'을 가르침.

1873 3년간 숨어 지내다 태백산에서 내려온다.

1874 충북 단양 도솔봉으로 거처를 옮김.

48세. 8월 정선의 유인상의 집에서 우상 폐지와 "일체 의식에 청수한 그릇만을 사용하라"는 가르침을 줌. 10월 28일 「용시용활(用時用活)」의 설법을 행함. 이것은 동학사상을 시대에 적용하여 역사화하고 사회화한다는 것을 의미한다. 때와 짝하여 동학이 나아가지 못하면 죽은 물건과 다름없다는 것을 최시형은 분명히 하고 있다.

1879 53세. 10월 인제군 갑둔리에 경전간행소를 설치함.

1880 6월 『동경대전(東經大全)』을 편찬.

1881 단양군 남면 천동에서 『용담유사(龍潭遺事)』를 간행.

1885 59세. 9월 상주군 화령면 전촌에서 '천주직포설(天主織布說)', '만유의 시천주설(侍天主說)', '물물천 사사천(物物天 事事天)'의 사상을 전개함. 10월 28일 상주에서 「부화부순(夫和婦順)」의 설법을 행함. 이 가르침은 일상생활에서도 한울의 현존과 내재를 경험하고, 공경과 평화의 삶을 산다는 동학사상의 구체성을 보여주는 것이다.

1889 63세. 11월 금산군 복호동에서 「내칙(內則)」과 「내수도문(內修道文)」을 지어 발표함. 여기서 최시형은 여성의 존엄성을 분명히 선언한다.

1892 66세. 전라도 삼례(三禮)에서 도인 수천 명이 모여 대신사 최제우 신원운동을 함. 이 운동에서부터 동학은 급속하게 정치화의 길로 나아간다. 그리고 동학의 역사적 정통성을 강하게 부각시킨다. 동학도 기존의 이학(理學)처럼 정학(正學)의 자격이 있다는 것이다.

1893 67세. 2월 광화문에서 상소운동을 함. 3월 충북 보은에서 2만여 명의 도인이 모여 20여 일 간 대대적인 시위를 감행함.

1894 68세. 동학혁명이 일어남. 최시형은 접주들의 승인 요청에 따라 혁명을 승인하고, "온 힘을 다하여 싸우라"고 지시함.

1897 71세. 4월 5일 창도 기념식을 「향아설위(向我設位)」로 단행함. 누구나 한울이므로 진정한 제사는 자신에게 하는 것이라는 사상을 구현

한 것임. 자신을 양육하는 것이 한울님을 양육하는 것[養天主]임. 12월 24일 의암 손병희에게 도통을 전수함.

1898 4월 5일 밤 원주 서면 송곡리 원진여의 집에서 체포됨. 5월 30일 좌도난정률로 사형을 선고받음. 당시 감옥의 관리가 허술하여 교도들이 탈옥을 권유하였으나 평온한 마음으로 죽음을 맞이할 것임을 밝힘. 6월 2일 오후 2시 향년 72세로 현재 종로 3가 단성사 부근에서 처형, 순도(殉道)하였다. 제자들이 매 맞고 버려진 시신을 수습하여 여주 금사면 주록리 천덕봉에 안장하였다.*

* 연보는 예문서원, 『해월 최시형과 동학사상』(1999)의 연보를 참조하고, 오문환, 『해월 최시형의 정치사상』(모시는 사람들, 2003)과 다른 전기 자료들을 참고하여 확장하였다. 이 글을 쓰는 데에 문헌학적으로 도움이 된 자료로는 윤석산, 「최시형 법설의 기초문헌 연구」(동학학회 편저, 『해월 최시형의 사상과 갑진개화운동』, 모시는사람들, 2003)를 참조하였다.

| 참고문헌 |

1.

『天道教經典』, 천도교중앙총부, 1993.

崔濟愚, 『東經大全』, 『天道教經典』, 천도교중앙총부, 1993.

「布德文」, 『東經大全』, 1993.

「論學文」, 『東經大全』, 1993.

「修德文」, 『東經大全』, 1993.

「不然其然」, 『東經大全』, 1993.

「立春詩」, 『東經大全』, 1993.

「絶句」, 『東經大全』, 1993.

「歎道儒心急」, 『東經大全』, 1993.

「偶吟」, 『東經大全』, 1993.

『龍潭遺辭』, 『天道教經典』, 천도교중앙총부, 1993.

崔時亨, 『海月神師法說』, 『天道教經典』, 1993.

「天地理氣」, 『海月神師法說』, 1993.

「天地父母」, 『海月神師法說』, 1993.

「道訣」, 『海月神師法說』, 1993.

「天地人・鬼神・陰陽」,『海月神師法說』, 1993.
「虛와 實」,『海月神師法說』, 1993.
「心靈之靈」,『海月神師法說』, 1993.
「待人接物」,『海月神師法說』, 1993.
「守心正氣」,『海月神師法說』, 1993.
「誠・敬・信」,『海月神師法說』, 1993.
「篤工」,『海月神師法說』, 1993.
「開闢運數」,『海月神師法說』, 1993.
「向我設位」,『海月神師法說』, 1993.
「用時用活」,『海月神師法說』, 1993.
「三敬」,『海月神師法說』, 1993.
「以天食天」,『海月神師法說』, 1993.
「以心治心」,『海月神師法說』, 1993.
「吾道之運」,『海月神師法說』, 1993.
「其他」,『海月神師法說』, 1993.
「降詩」,『海月神師法說』, 1993.
「養天主」,『海月神師法說』, 1993.
「靈符呪文」,『海月神師法說』, 1993.
「聖人之德化」,『海月神師法說』, 1993.
「十毋天」,『海月神師法說』, 1993.

孫秉熙,『義菴聖師法說』,『天道教經典』, 1993.
『無體法經』,『義菴聖師法說』, 1993.
「聖凡說」,『無體法經』, 1993.
「大宗正義」,『義菴聖師法說』, 1993.
「三戰論」,『義菴聖師法說』, 1993.

「性靈出世說」, 『義菴聖師法說』, 1993.
「吾教의 顯明時代」, 『義菴聖師法說』, 1993.

李敦化, 『水雲心法講義』, 천도교중앙총부, 1925.
『天道教創建史』, 천도교중앙종리원, 1933.
『新人哲學』, 천도교중앙총부, 1930.
『東學之人生觀』, 천도교중앙총부, 1963.

2.

구양근, 「東學 가사문학을 통해 본 崔濟愚의 역사적 한국사상 계승 문제」, 『동학연구』 3, 1998.
김경재, 「최수운의 神 개념」, 『동학사상 논총』, 천도교중앙총부, 1983.
_____, 「씨알 사상 一考」, 『함석헌, 싸우는 평화주의자』, 동광출판, 1982.
김영작, 「동학사상과 농민봉기」, 『동학혁명의 연구』, 노태구 엮음, 백산서당, 1982.
김용휘, 「해월의 마음의 철학」, 동학학회 편저, 『해월 최시형의 사상과 갑진개화운동』, 모시는사람들, 2003.
김월해, 『천도교 사상』, 순환기업사, 1983.
노태구, 「동학혁명과 태평천국혁명의 비교」, 『동학혁명의 연구』, 노태구 엮음, 백산서당, 1982.
동학학회 편저, 『동학과 전통사상』, 모시는사람들, 2004.
朴應三, 『동학사상개론』, 원곡문화, 1975.
박종근, 「동학과 갑오농민전쟁에 관하여」, 『동학혁명의 연구』, 노태구 엮음, 백산서당, 1982.
_____, 「동학과 1894년의 농민 전쟁에 대하여」, 『역사학 연구』 269, 1962.

박종홍, 「崔水雲 동상 銘文」, 『朴鍾鴻全集』 7, 형설출판, 1980.
신남철, 「東洋精神의 특색—한 개의 東洋에의 反省」, 『朝光』 79호, 1942, 5월호.
신용하, 『동학과 갑오농민전쟁 연구』, 일조각, 1993.
신일철, 「崔海月의 汎天主義 세계관」, 『한국사상』 24, 한국사상연구회, 1998.
오문환, 『해월 최시형의 정치사상』, 모시는사람들, 2003.
柳炳德 편저, 『東學. 天道敎』, 시인사, 1976.
윤노빈, 『新生哲學』, 학민사, 2003.
윤석산, 「崔時亨 法說의 기초문헌 연구」, 『海月 崔時亨의 사상과 갑진 개화 운동』, 동학학회 편저, 모시는사람들, 2003.
_____, 『水雲 崔濟愚』, 모시는사람들, 2004.
정혜정, 「이돈화의 인내천주의와 서구 근대철학의 수용」, 『동학학보』, 19호, 2009.
趙基周 편저, 『동학의 원류』, 보성사, 1979.
차옥숭, 「해월사상과 교인들의 종교 경험」, 『韓國思想』 24, 한국사상연구회, 1998.
최동희, 「海月의 종교적인 기본 방향」, 『韓國思想』 24, 한국사상연구회, 1998.
표영삼, 『동학 1』, 통나무, 2004.
황문수, 「夜雷에 있어서의 人乃天 사상의 전개」, 『韓國思想』 12, 한국사상연구회, 1974.
황선희, 「동학사상의 인본주의 성격」, 『동학연구』 3, 한국동학학회, 1998.
허수, 「1920년대 전반 이돈화의 改造思想 수용과 '사람性주의'」, 『동방학지』 125, 연세대국학연구원, 2004.
김종민, 『백암록』.

김현태, 『둔스 스코투스의 철학사상』, 가톨릭대출판부, 1994.
咸錫憲, 「새 윤리」, 『함석헌 선집』 2, 한길사, 1996.
_____, 「삶 · 죽음」, 『수평선 너머』, 『함석헌저작집』, 한길사, 2009.
야마다 케이지, 김석근 옮김, 『朱子의 自然學』, 통나무, 1991.

張伯端, 『悟眞篇』, 中華書局, 1990.
張橫渠, 『正蒙』. 王夫之, 『張子正蒙注』 自由出版社, 1876.
黃宗羲, 『宋元學案』, 中華書局, 1989.
程伊川, 「外書」, 『二程集』, 中華書局, 1981.
_____, 「二程遺書」, 『二程集』, 中華書局, 1981.

3.

A. Schopenhauer, 곽복록 옮김, 『意志와 表象으로서의 세계』, 을유문화사, 1994.
_____, 김미영 옮김, 『도덕의 기초에 관하여』, 책세상, 2004.
Benjamin B. Weems, 홍정식 옮김, 『개혁 · 반란 그리고 천도(*Reform, Rebellion and Heavenly Way*)』(1940), 신명문화사, 1966.
Erich Fromm, 문학과사회연구소 옮김, 『정신분석과 종교』, 청하, 1983.
Ernst Cassirer, 박지형 옮김, 『르네상스 철학에서의 개체와 우주』, 민음사, 1996.
Evelyn Underhill, 최대형 옮김, 『실천적 신비주의(*Practical Mysticism*)』(1914), 은성출판, 2003.
F. W. J. Schelling, 한자경 옮김, 『인간 자유의 본질』, 서광사, 1998.
H. Bergson, 송영진 옮김, 『도덕과 종교의 두 원천』, 서광사, 1998.
J. G. Arapura, 유경희 옮김, 『불안과 평정으로서의 종교』, 서광사, 1995.

Oscar Cullman, 채위 옮김, 『그리스도와 시간(*Christ and TIme*)』(1951), 나단출판사, 1974.
Thorlief Boman, 허혁 옮김, 『히브리적 사유와 그리스적 사유의 비교』, 분도출판, 1975.
W. James, 김성민 외 옮김, 『종교체험의 여러 모습들』, 기독교서회, 1977.
Platon, *Parmenides*, Plato 4, The Loeb Classical Library, 1967.
_____, *Symposium*, Plato 3, The Loeb Classical Library, 1967.
_____, *Epistles*, Plato 9, The Loeb Classical Library, 1967.

동학 관련 참고 자료

1. 경전 및 사료

『理氣大典』
『道源記書』
『東學黨征伐討略記』(서울대 중앙도서관 소장)
『東學亂關係文書』(서울대 중앙도서관 소장 고문서)
『默庵備忘錄』
『侍天教歷史』
『日省錄』(규장각한국학연구원, 인터넷 검색 가능)
『海月神師實史』
『天道教經典』

2. 『동경대전』에 관한 연구

교서편찬위원회, 「경전통일을 위한 수정작업」, 『신인간』 368~386, 1979. 6.~1982. 4.

_____, 「경전간행에 대하여(1~3)」, 『신인간』 485~487, 1990. 8.~10.

김용문, 「동경대전 원본 보존의 경위와 가치」, 『신인간』 270, 1969. 11·12. 합병호.

김경탁, 「동학의 『동경대전』에 관한 연구」, 『아세아연구』 41, 1971.

김철, 「경전변역소고」, 『신인간』 369, 1979. 7.

_____, 「동경대전의 토씨와 새김문제(상, 중, 하)」, 『신인간』 399~402, 1982. 7.~10.

김인환 , 「동경대전의 통사구조」, 『최제우작품집』, 형설출판사, 1982.

표영삼, 「경전에 관한 사료상 문제점」, 『신인간』 397, 1982. 4.

_____, 「동학경전의 편제와 내용」, 『신인간』 422~441, 1984. 10.~1986. 7.

_____, 「경전용어의 해제」, 『신인간』 443~455, 1986. 9.~1987. 12.

박맹수, 「『동경대전』에 대한 기초적 연구」, 『정신문화연구』 34, 한국정신문화연구원, 1988. 5.

신인간편집실, 「현존 목판본 중 가장 오래된 동경대전 목판본」, 『신인간』 355, 1978. 3.

3. 『용담유사』에 관한 연구

이강옥, 「용담유사에 대한 일고찰—작가의 독자인식과 독자의 작품수용양상을 중심으로」, 『진단학보』 60, 진단학회, 1985.

이형근, 「용담유사의 이본고」, 『어문교육론집』 9, 부산대학교, 1986.

정재호, 「동학가사에 대한 소고」, 『아세아연구』 38, 1970.
_____, 「용담유사의 국문학적 고찰」, 『한국사상』 12, 1974.
_____, 「동학가사의 형식과 내용」, 『한국사상』 19, 1982.
조동일, 「개화기 가사에 나타난 개화구국사상」, 『동서문화』 4, 계명대학교 동서문화연구소, 1970.

4. 기타 자료 해제 목록

강창일, 「전봉준회견기 및 취조록」, 『사회와 사상』 창간호, 한길사, 1988.
고정기, 「 민중을 위한 민중의 종합지 『개벽』」,『신인간』 438, 1986.
권병탁, 「〈갑오 · 병신일기〉 해설」, 『민족문화논총』 8, 영남대 민족문화연구소, 1987.
김경탁, 「동학의 『동경대전』 연구」, 『아세아연구』 41, 고려대 아세아문제연구소, 1971.
김광순, 「수운가사에 대하여」, 『한국의 철학』 15, 경북대학교, 1987.
김상기, 「수운행록 - 월제 수운문집」, 『아세아연구』 13, 1964.
김용문, 「『동경대전』 원본 보존의 경위와 가치」, 『신인간』 270, 1969.
김용섭, 「『전봉준 공초』의 분석」, 『사학연구』 2, 한국사학회, 1958. 12; 『동학혁명의 연구』, 1982. 1.
김응조, 「천도교의 기관지 『천도교회월보』와 『신인간』」, 『신인간』 438, 1986. 4.
김의환, 「갑오동학혁명 연구에 차지하는 「사발통문」 발견의 의의성」, 『신인간』 334, 1976. 2.
김정숙, 「동학혁명기 경상도에서 쓴 파이야쓰 신부 서간」, 『민족문화논총』 14, 영남대 민족문화연구소, 1993.
김준형, 「『백곡지』 해제」, 『경상사학』 6, 경상대 사학회, 1990. 12.

김창수, 「『갑오평비책』에 대하여—매천 황현의 동학인식」, 『남사 정재각 박사 고희기념 동양학논총』, 고려원, 1984.

_____, 「『동비기략초고』 해제」, 『동학란: 을유신서 17』, 을유문화사, 1985.

_____, 「황현의 『동비기략초고』에 대하여—『오하기문』 을미 4월 이전 기사의 검토」, 『천관우선생 환력기념 한국사학논총』, 정음문화사, 1985. 12.

김철, 「『동경대전』의 토씨와 새김문제」, 『신인간』 399~402, 1987. 7.~10.

김태욱, 「『건건록』을 번역출간하면서」, 『건건록』, 명륜당, 1988.

김태웅, 「1920·30년대 吳知泳의 활동과 『東學史』 간행」, 『역사연구』 2, 거름, 1993. 11.

노용필, 「오지영의 인물과 저작물」, 『동아연구』 19, 서강대 동아연구소, 1989.

_____, 「『동학접주 정용근전집』 해제」, 『동학접주 정용근전집 상』, 아세아문화사, 1990.

박맹수, 「『동경대전』에 대한 기초적 연구」, 『정신문화연구』 34, 한국정신문화연구원, 1988. 8.

_____, 「동학자료 『교남공적』 해제」, 『한국사학』 10, 한국정신문화연구원, 1989. 5.

_____, 「동학자료의 재검토」, 『인간과 경험 동서남북』 2, 한양대 민족학연구소, 1990. 12.

_____, 「동학사서 『최선생문집도원기서』와 그 이본에 대하여」, 『한국종교』 15, 원광대종교문제연구소, 1990. 12.

_____, 「정식진의 『난파유고』」, 금호문화재단, 1992. 8.

_____, 「동학농민군지도자 『김낙철 친필수기』외 동학자료 해제」, 『논문

집』 창간호, 원불교 영산대학, 1993. 12.
_____, 「『일사』와 장흥강진지방의 농민전쟁」, 『역사연구』 3, 도서출판 거름, 1994. 7.
_____, 「1894년 1월 고부농민봉기 관련 신자료 〈동학추고〉 해제」, 『한국근현대사연구』 2, 한울, 1995. 2.
박명규, 「조선농민사와 『조선농민』·『농민』」, 『신인간』 438, 1986. 4.
_____, 「동학농민전쟁 관련자료 『石南歷事』에 대하여」, 『한국학보』 71, 일지사, 1993.
박성봉, 「『구한국외교문서』 '일안' 편찬본의 종합정리」, 『경희사학』 2, 경희사학회, 1970. 7.
박성수, 「『저상일월』을 통해 본 19세기 한국의 사회상」, 『동천 이기원박사회갑기념논문집』, 1990.
박용옥, 「동학의 부녀규범 『내수도문』」, 『여성동아』

5. 동학교문의 유적 및 갑오동학농민혁명 전적지 답사기(역사기행)에 관한 연구 성과

김백일, 「동학농민군의 피로 물든 지리산」, 『역사비평』 19, 1992. 11.
金淳太, 『東學紀行』, 어문각, 1986.
金義煥, 「東學軍戰蹟地踏査記」 1~14, 『新人間』 317~330, 1974. 5·6.~1975. 9.
김중규, 「新東學紀行」, 『대전일보』 12365~12577, 1989. 10. 25.~1990. 7. 3.
박맹수, 「강원도 영월·정선지방의 동학유적지 답사기」, 『新人間』 504·507, 1992. 4·7.
_____, 「사료로 읽는 동학농민혁명」 1~18, 『문화저널』 50~67, 1992. 7.

~1993. 12.
朴泰洵, 「동학의 지평선－정읍 고부 들판에서」, 『마당』, 1982. 8. : 『국토와 민중』, 한길사, 1983.
_____, 「호남평야 東學農民革命의 함성」, 『한길역사기행』 1, 한길사, 1986.
배향섭, 「강원도에 서린 동학농민군의 발자취」, 『역사비평』 11, 1990. 11.
사단법인 동학농민혁명기념사업회편, 『황토재에서 우금재까지』, 도서출판 동남풍, 1994. 4.
宋基淑, 「歷史紀行 : 東學農民戰爭의 발자취」, 『한국사회연구』 1, 한길사, 1983. 6.
_____, 「장흥지역 동학농민전쟁관계 구전조사」, 『역사와 현장』 1, 광주, 한국현대사사료연구소, 1990.
신영우, 「상주의 동학근거지」, 『한국근대사연구회 회보』 4, 한국근대사연구회, 1988.
역사문제연구소 동학농민전쟁 100주년 기념사업추진위원회, 『동학혁명전쟁역사기행』, 여강출판사, 1993.
역사문제연구소 민중생활사 연구모임, 「역사기행: 동학농민전쟁의 진원지를 찾아서」, 『역사비평』 1, 1988. 6.
_____, 「역사기행 : 평민 의병장 신돌석의 전적지를 찾아서」, 『역사비평』 2, 1988. 8.
_____, 「황토현에서 우금치까지」, 『역사비평』 6, 1989. 8.
이기원, 「강원지역 동학농민전쟁의 맥을 찾아서」, 『살아 있는 삶을 위한 역사교육』 2, 푸른나무, 1991. 4.
李在儀, 「증언: 꺼져가던 불꽃 마지막 타오른 최후의 격전장 '장흥 석대들'」, 『예향』 65, 광주일보사, 1990. 2.
장효문, 「東學革命의 현장르포」, 『예향』 44~58, 광주일보사, 1988. 5.~

1989. 7.
표영삼(삼암), 「해월신사의 발자취」, 『신인간』 358~410, 1978. 6.~1983. 7 · 8.

6. 1894년 3월 21일에 일어난 동학농민군의 제1차 기포에 관한 연구 성과

〈사발통문〉

김용덕, 「격문을 통해서 본 전봉준의 혁명사상」, 『나라사랑』 15, 1974.
김광래, 「전봉준의 고부 백산기병」, 『나라사랑』 15, 1974.
김의환, 「전봉준전기」, 『정음사』, 1974.
＿＿＿, 「갑오동학혁명사 연구에 차지하는 사발통문 발견의 의의성」, 『신인간』 334, 1976. 2.
신용하, 「고부민란의 사발통문」, 『노산유원동박사 회갑기념논총 한국근대사회경제사연구』, 정음문화사, 1985.
이이화, 「전봉준과 동학농민전쟁－봉기~전주성점령」, 『역사비평』 7, 1989.
전북일보 특별취재팀, 「사발통문」, 『전북일보』 13405 · 13409, 1992. 12. 28, 1993. 1. 4, 각 7면.
정창렬, 「고부민란의 연구」 하, 『한국사연구』 49, 1985.

〈고부농민봉기〉

정창렬, 「고부민란의 연구」 상 · 하, 『한국사연구』 48~49, 1985. 3 · 6.
장영민, 「1894년 고부민요연구」 상 · 하, 『한국학보』 68~69, 1992. 9.

〈제1차 기포(무장기포)〉

박맹수, 「전라도 무장현의 동학농민군 전면기포에 대하여」, 『문화저널』 60, 1993. 5.

신용하, 「갑오농민전쟁의 제1차농민전쟁」, 『한국학보』 40, 1985.

정창렬, 「갑오농민전쟁연구―전봉준의 사상과 행동을 중심으로」, 연세대 박사논문, 1991.

진기홍, 「갑오동학농민혁명의 발상지를 찾아서」, 프린트본, 1992.

한우근, 「동학농민군의 제1차봉기―반봉건투쟁」, 『한국사』 17, 국사편찬위원회, 1973.

7. 경전 및 천도교사 해의

백세명, 『천도교경전해의』, 천도교중앙총부.

오익제, 『天道教要義』, 천도교중앙총부, 1986.

오지영, 『東學史』, 대광문화사, 1984.

윤석산 주해, 『東經大全』, 동학사, 1996.

_____ 주해, 『龍潭遺詞』, 동학사, 1999.

윔스, Benjamin, 『東學百年史』, 홍정식 역, 서문당, 1975.

_____, 『革命·叛亂 그리고 天道』, 신명문화사, 1966.

李敦化, 『東學之人生觀』, 천도교중앙총부, 1972.

_____, 『水雲心法講義』, 천도교중앙총부, 1924.

_____, 『新人哲學』, 천도교중앙총부, 1924.

_____, 『天道教創建史新』, 天道教中央宗理院, 1933.

_____, 『人乃天要義』, 『東學思想資料集 2』, 아세아문화사, 1979.

李世權 編, 『東學經典』, 글나무, 2002.

李昤魯, 『東經大全 龍潭遺詞 解義』, 천법출판사, 2000.

_____, 『海月神師法說解義』, 천법출판사, 2000.
표영삼, 『동학1－수운의 삶과 생각』, 통나무, 2004.
_____, 『동학2－해월의 고난 역정』, 통나무, 2005.
_____, 『동학창도과정』, 천도교중앙총부출판부, 1989.
한국사상연구회, 『최수운硏究』, 한국사상연구회, 1974.
천도교중앙총부, 『天道敎百年略史』, 미래문화사, 1981.

8. 역사 및 사상 자료

강만길, 『분단시대의 역사인식』, 창작과 비평사, 1978.
강재안, 『조선근대사연구』(한울총서 1), 1980.
김낙필, 『朝鮮時代의 內丹思想』, 한길사, 2000.
김상기, 『東學과 東學亂』, 한국일보사, 1975.
김지하, 『동학이야기』, 솔, 1994
노태구, 『동학혁명의 연구』, 백산서당, 1982.
동학학회, 『동학과 전통사상』, 모시는사람들, 2004
_____, 『동학학보』(창간호), 학연문화사, 2000.
_____, 『동학, 운동인가 혁명인가』, 신서원, 2002.
무네미쓰, 무쓰, 김승일 역, 『건건록』, 범우사, 1993.
민족문화연구소, 『동학사상의 새로운 조명』, 영남대학교출판부, 1998
박맹수 · 최기영 편, 『韓末, 天道敎資料集』, 국학자료원, 1999
박종홍, 『現實과 構想』, 박영사, 1963.
_____, 『知性과 摸索』, 박영사, 1967.
박창건, 『수운사상과 천도교』, 천도교중앙총부, 1970.
백세명, 『동학사상과 천도교』, 동학사, 1956.
신복룡, 『동학사상과 한국민족주의』, 평민서당, 1978

_____, 『全琫準의 生涯와 思想』, 양영각, 1982.
신용하, 『동학과 갑오농민전쟁연구』, 일조각, 1993
신일철, 『동학사상의 이해』, 사회비평사, 1995
안진오 등, 『한국근대 민중종교사상론』, 학민사, 1983.
유병덕 편저, 『동학 · 천도교』, 시인사, 1987.
윤이흠, 『韓國宗敎硏究 1』, 집문당, 1986.
이현희 엮음, 『東學思想과 東學革命』, 청아출판사, 1984.
정운채, 『人乃天眞理와 使人如天主義』, 순환기업사, 1973.
조기주, 『東學의 原流』, 보성사, 1979.
조동일, 『동학성립과 이야기』, 홍성사, 1981.
조용일, 『東學造化思想硏究』, 동성사, 1988
황선희, 『한국근대사상과 민족운동』, 혜안, 1995.
홍은표, 『손병희』, 정문사, 1964.

| 찾아보기 |

최시형의 철학

표현과 개벽

펴낸날 1판 1쇄 2011년 9월 30일
지은이 이규성
펴낸이 김훈순
펴낸곳 이화여자대학교출판부
주소 서울특별시 서대문구 이화여대길 52(우 120-750)
등록 1954년 7월 6일 제9-61호
전화 02) 3277-2965, 362-2966(편집)
02) 3277-3164, 362-6076(영업)
팩스 02) 312-4312
전자우편 press@ewha.ac.kr
인터넷서점 www.ewhapress.com
책임편집 정경임
디자인 정혜진
찍은곳 한영문화사

ISBN 978-89-7300-929-9 94150
ISBN 978-89-7300-928-2(세트)

값 16,000원

* 잘못된 책은 바꾸어 드립니다.